Alexander Popoff

Der Djatlow-Pass-Vorfall

Eine Untersuchung, die alle verwirrenden Fakten erklärt

Alexander Popoff

Der Djatlow-Pass-Vorfall

Eine Untersuchung, die alle verwirrenden Fakten erklärt

„Der Djatlow-Pass-Vorfall"
2. Auflage Februar 2017
Übersetzung: Daniela Mattes

Ancient Mail Verlag Werner Betz
Europaring 57, D-64521 Groß-Gerau
Tel.: 00 49 (0) 61 52/5 43 75, Fax: 00 49 (0) 61 52/94 91 82
www.ancientmail.de
Email: ancientmail@t-online.de

Verantwortlich für die Produktsicherheit:
Ancient Mail Verlag - Werner Betz
Europaring 57, 64521 Groß-Gerau
Email: ancientmail@t-online.de

Bibliografische Information der Deutschen Nationalbibliothek:
Die Deutsche Nationalbibliothek verzeichnet diese Publikation in der Deutschen Nationalbibliografie; detaillierte bibliografische Daten sind im Internet über http://dnb.dnb.de abrufbar.

Umschlaggestaltung: Sandra Schmidt
Quelle Coverbild: http://commons.wikimedia.org/wiki/File:Dyatlov_Pass_incident_02.jpg (An dem Bild besteht kein Copyright, da es als Bestandteil der russischen Untersuchungsakte gemeinfrei ist.)

Druck: WIRmachenDRUCK GmbH, D-71522 Backnang

ISBN 978-3-95652-091-4

Inhaltsverzeichnis

Anmerkung des Autors

Fünfundfünfzig Jahre der Forschung über den Vorfall am Djatlow-Pass - neun junge Skiwanderer sind am Toten Berg (Kholat Syakhl, Russland) unter merkwürdigen Umständen ums Leben gekommen - konnten keine schlüssige Erklärung für dieses seit Langem bestehende Rätsel bieten.

Die Fakten dieser Geschichte sind so verwirrend und widersprüchlich, dass es bisher keiner Theorie gelungen ist, sie zu einem stimmigen, realistischen Bild dieser grauenvollen Vorgänge im Jahr 1959 zusammenzubringen.

Die sowjetischen Forscher kamen zu dem Schluss, dass eine „unüberwindbare Naturgewalt" den Tod der Skifahrer verursacht hat.

In diesem Untersuchungsbericht stelle ich 40 Hypothesen über den Vorfall am Djatlow-Pass vor - und natürlich auch meine eigene Theorie, die eine überraschende aber realistische Lösung für dieses langjährige Rätsel bietet.

Vorwort

Berg Otorten – geh nicht dort hin!

Der Djatlow-Pass, der Schauplatz dieser bizarren Geschichte, liegt zwischen dem *Toten Berg* (Kholat Syakhl) und dem *Geh-nicht-dorthin-Berg* (Otorten). Er befindet sich im nördlichen Ural, im Gebiet zwischen der Republik Komi und der Oblast Swerdlowsk (Verwaltungsgebiet Swerdlowsk) Swerdlowsk ist das heutige Jekaterinburg.

Berg Otorten wird in der Sprache des einheimischen Mansenvolkes mit „geh nicht dorthin" übersetzt. Die Mansen (früher „Wogulen" genannt, bezeichnen sich selbst als „Mansi", russisch Ма́нси) sind ein ugrisches Volk und leben in Sibirien, nordöstlich des Urals. Die knapp über 11.000 Angehörigen des indigenen Volkes leben hauptsächlich von der Jagd und vom Fischfang, selten von der Rentierzucht.

Im Januar 1959 brach eine Gruppe von zehn Reisenden - fünf Universitätsstudenten, drei mit soeben abgeschlossenem Studium und zwei Ingenieure, alle vom *Polytechnischen Instituts des Ural* (heute: Staatliche Technische Universität des Uralgebiets) in Swerdlowsk (jetzt Jekaterinburg) - gemeinsam mit einem Fremdenführer zur Skiwanderung an den Berg Otorten auf, der sich zehn Kilometer nördlich der Unglücksstelle befindet.

Die Djatlow-Gruppe widmete die Expedition und den Aufstieg zum Berg Otorten dem 21. Kongress der Kommunistischen Partei der Sowjetunion, die vom 27. Januar bis 5. Februar 1959 in Moskau stattfand.

Im Winter bereist, wurde diese Route als „Kategorie III“ eingeschätzt, die schwierigste. Alle Teilnehmer hatten Erfahrung mit langen Skitouren und Bergexpeditionen.

Die Gruppe bestand aus zwei Frauen und acht Männern: Lyudmila Dubinina, Zinaida Kolmogorova, Igor Djatlow (der Gruppenführer), Rustem Slobodin, Yuri Doroshenko, Georgy Krivonishchenko, Nikolay Thibault-Brignoles, Semyon Zolotaryov, Alexandr Kolevatov, und Yuri Yudin.

Die Gruppe startete ihren Marsch in Richtung Otorten am 27. Januar. Yudin fing sich eine Erkältung ein und bekam Rückenprobleme, weswegen er nach Swerdlowsk zurückkehren musste.

Die Gruppe bestand jetzt noch aus neun Personen.

Am 31. Januar erreichte die Djatlow-Gruppe die Grenze des Hochlands und begann sich auf den Aufstieg vorzubereiten. Am 1. Februar begannen sie mit der Passüberquerung. Sie planten die Überquerung für diesen Tag und wollten anschließend auf der gegenüberliegenden Seite ihr Lager für die Nacht aufschlagen.

Tagebücher und Kameras, die von den Rettungskräften gefunden wurden, bestätigten, dass die verbliebenen neun Skiwanderer am 1. Februar in einem Schneesturm gerieten und sich in den Hügeln des Toten Berges (Kholat Syakhl) verirrten. Sie kehrten nie zurück.

Es war vorab festgelegt worden, dass Igor Djatlow ein Telegramm an ihren Sportverein senden würde, sobald die Gruppe in die Stadt Wischai (die nördlichste bewohnte Siedlung) zurückkehrte. Man schätzte, dass dies nicht später als am 12. Februar der Fall sein würde, aber Djatlow hatte Yudin gegenüber die Vermutung geäußert, dass es länger dauern würde. Als die Frist verstrich und man keine Nachricht erhielt, gab es daher zunächst keine Reaktion. Eine Verspätung von ein paar Tagen war bei solchen Expeditionen üblich.

Einige Tage später forderten die Angehörigen der Skiwanderer eine Rettungsaktion und der Leiter der Universität schickte die ersten Rettungstrupps los, die aus freiwilligen Studenten und Lehrern bestand. Am 20. Februar wurden die Armee und die Polizei hinzugezogen. Sie setzten Flugzeuge und Hubschrauber ein.

Am 26. Februar fanden die Retter ein verlassenes und schwerbeschädigtes Zelt. Sie waren verwirrt - alle Habseligkeiten der Gruppe, inklusive warmer Kleidung und Schuhen war zurückgelassen worden. Warum hatten die Wanderer das Zelt halb bekleidet und barfuß verlassen oder nur in Socken? Die Temperaturen waren eisig, zwischen -25°C und -30°C.

Eine Reihe von acht oder neun Paar Fußspuren im Schnee, die von den Menschen stammten, die nur Socken trugen oder einen einzelnen Schuh oder die barfuß waren, konnte bis hinab an die Grenze des nahegelegenen Waldes verfolgt werden, der sich 1,5 km nordöstlich befand. Nach 500 Metern waren die Fußabdrücke vom Schnee bedeckt.

Am Waldrand, unter einer großen Zeder, fanden die Retter die Reste eines Feuerplatzes, zusammen mit den ersten beiden Leichen, der von Kirvonishchenko und Doroshenko. Sie waren barfuß und trugen nur ihre Unterwäsche. Beide hatten Verbrennungen an ihren Händen, Beinen und Haaren. Ihre Kleidung war ebenfalls zum Teil verbrannt. Die Kleidung, die Krivonishchenko und Doroshenko trugen, war zerfetzt, Stücke davon fehlten und entblößten Teile ihres Körpers.

Die Zweige der Zeder waren abgebrochen bis zu einer Höhe von fünf Metern, was vermuten ließ, dass jemand aus der Gruppe hochgeklettert war, um nach etwas zu sehen, möglicherweise nach dem Zelt. Einige der höheren Äste nahestehender Bäume waren ebenfalls verbrannt, als hätte sich eine Explosion in der Luft ereignet.

Zwischen der Zeder und dem Lager fanden die Suchtrupps drei weitere Leichen: Djatlow, Kolmogorova und Slobodin, die anscheinend in einer Haltung verstorben waren, die vermuten ließ, dass sie dabei waren, zum Zelt zurückzukehren. Sie wurden einzeln gefunden in einer Entfernung von 300, 480 und 630 Metern zur Zeder.

Die Suche nach den verbliebenen vier Wanderern dauerte über zwei Monate. Man fand sie schließlich am 4. Mai unter vier Meter tiefem Schnee in einer Schlucht ca. 75 Meter von der Zeder entfernt, tiefer im Wald.

Diese Vier waren besser angezogen als die anderen. Es gab Anzeichen dafür, dass einige Reisenden anscheinend ihre Kleidung miteinander getauscht hatten. Zolotaryov trug Dubinina's Pelzimitatmantel und Hut während Dubininas Füße mit Fetzen von Krivonishchenkos Wollhosen umwickelt waren.

Eine gerichtliche Untersuchung begann unmittelbar nach dem Fund der ersten fünf Leichen. Eine forensische ärztliche Untersuchung ergab keine Verletzungen, die zum Tode hätten führen können und daraus wurde geschlossen, dass alle an Unterkühlung verstorben waren. Slobodin hatte einen kleinen Riss im Schädel, was aber nicht als tödliche Verletzung angesehen wurde.

Die forensische Untersuchung der letzten vier Körper, die im Mai gefunden worden waren, änderte jedoch das Bild. Einige der Opfer waren verstümmelt worden.

Drei von ihnen hatten schwerwiegende Verletzungen: Der Körper von Thibault-Brignoles wies eine schlimme Schädelverletzung auf und sowohl Dubinina als auch Zolotaryov hatten gravierende Brustverletzungen.

Den Forensikern zufolge benötigte es eine erhebliche Krafteinwirkung, um diese Schäden zu verursachen, vergleichbar mit der Wucht eines Autounfalls.

Zolotaryov's Augen fehlten.

Bemerkenswerterweise hatten die Leichen keine äußerlichen Verletzungen, die zu den Knochenbrüchen passten, als wären sie einfach durch einen hohen Druck zusammengepresst worden. Gravierende äußere Wunden fand man jedoch an Dubinina, deren Zunge, Augen und Teile der Lippen fehlten sowie Gesichtsgewebe und ein Stück des Schädelknochens. Außerdem war ihre Haut an den Händen erheblich aufgequollen.

Man hatte behauptet, dass Dubinia mit dem Gesicht in einem schmalen, unter dem Schnee verlaufenden Fluss gefunden wurde und dass ihre äußerlichen Verletzungen mit dem Zerfall in einer feuchten Umgebung zusammenpassten, die aber nicht zu ihrem Tod geführt haben konnten. Aber die Fotografien ihrer Leiche zeigen ganz deutlich, dass ihr Körper vom fließenden Wasser entfernt gegen einen großen Fels kniend aufgefunden wurde.

Die Kleidung von zwei Reisenden war hochgradig radioaktiv.

Als die Retter die toten Skiwanderer gefunden hatten und der Staatsanwalt mit der Untersuchung begann, dachten alle, es handelte sich um einen möglichen Tatort.

Ursprünglich wurde die Vermutung aufgestellt, dass das einheimische Volk der Mansen die Wanderer getötet hatte, da sie ihr Land betreten hatten, um den jungen Reisenden Alkohol und Geld zu stehlen, oder weil sie ein Krisengebiet betreten oder einen heiligen oder verbotenen Ort entweiht hatten. Die Mansen wurden intensiv befragt, aber der Staatsanwalt verwarf diese Hypothese bald, besonders nachdem feststand, dass die Reisenden ihr Zelt von innen aufgeschnitten hatten. Aber wer hat dann die Reisenden getötet und verstümmelt? Entflohene Häftlinge vom nahegelegenen Arbeitslager, illegale Goldschürfer, der KGB, das Militär, örtliche Kriminelle?

Es gab zuverlässige Augenzeugen, die mehrfach leuchtende Kugeln im Himmel beobachtet hatten, inklusive in der Nacht des 1. Februar, als die Reisenden unter merkwürdigen Umständen umkamen. Der Staatsanwalt Lev Ivanow arbeitete an einer Untersuchungshypothese, die besagt, dass die Lichtkugeln am Himmel und die Radioaktivität irgendwie mit dem Tod der Skiwanderer in Zusammenhang standen. Ivanov schrieb 1990 *„Jedem wurde erzählt, dass die Reisenden in einer Extremsituation erfroren sind. Das ist aber nicht wahr."*

Ivanov suchte nach einer schweren (ionisierenden) Strahlung, die von den Feuerbällen ausgesendet wurde, einer Art Todesstrahl. Er vermutete, dass die radioaktive Kleidung das Resultat eines Alienangriffs mit ionisierender Strahlung war.

Möglicherweise waren die Äste der nahegelegenen Bäume rund um die Zeder von einer Explosion oder einem UFO verbrannt worden, oder von irgendwelchen Energiestrahlen.

Dies war nicht das erste Rätsel in dieser Region. Einige Flugzeuge verschwanden dort. Faszinierenderweise waren neun Mansenjäger einige Jahre zuvor an genau derselben Stelle verschwunden. Menschen haben in dieser Region schon oft UFOs beobachtet.

Viele Leute hatten die Skiwanderer gewarnt, nicht dorthin zu gehen, da sie sterben könnten.

Der Armeepilot Patrushev hatte eine lange Unterhaltung mit den Reisenden und er erzählte ihnen von den UFOs, die er in den Bergen gesehen hatte, und warnte sie, nicht dorthin zu gehen. Er untersuchte den mysteriösen Tod der jungen Reisenden zusammen mit dem KGB-Agenten Sergey Misharin. Patrushev starb bei einer Flugzeugkatastrophe in dieser Region. Misharin setzte in seinem Badezimmer seinem Leben selbst ein Ende mit seiner Pistole.

Die Menschen, die an den Beerdigungen von fünf Mitgliedern der Gruppe teilgenommen hatten, behaupteten, dass alle Körper eine tiefbraune oder orange Hautfarbe hatten und viel älter aussahen.

Eine brauchbare Theorie sollte alle diese verstörenden und gegensätzlichen Fakten des Rätsels erklären: die fehlende Zunge und Augen, die Explosionen in der Luft (verbrannte Äste der Bäume), die Radioaktivität, die schweren Verletzungen, die letzte Fotografie mit Feuerbällen, UFOs oder Raketenantriebe darin, warum die Skiwanderer ihr Zelt in Panik verlassen hatten, die Schnitte darin, etc.

Das Djatlow-Gruppendenkmal

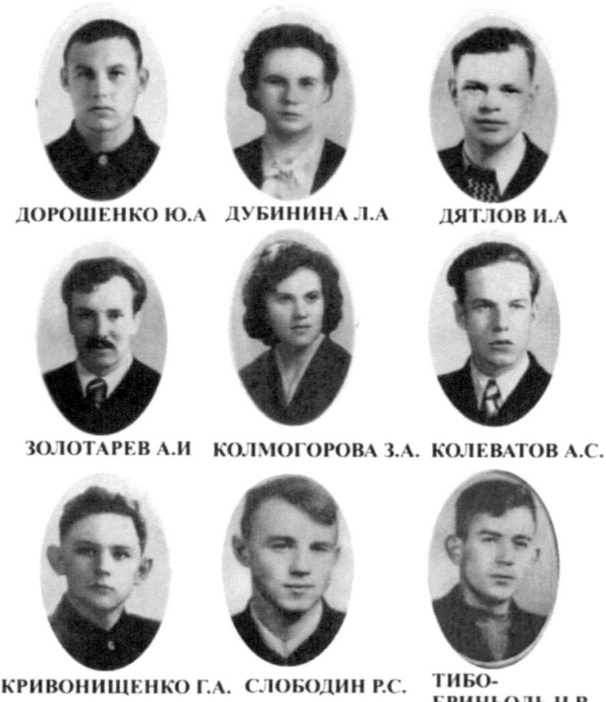

Vergrößerter Ausschnitt aus dem Gedenkstein

Quelle:

http://www.google.de/imgres?imgurl=http%3A%2F%2Fassets.atlasobs-
cura.com%2Farticle_images%2F4486%2Fimage&imgrefurl=http%3A%2F%2
Fwww.atlasobscura.com%2Farticles%2F31-days-of-halloween-dyatlov-pass-inci-
dent&h=450&w=600&tbnid=G14CeK0XRv3zzM%3A&zoom=1&docid=PRrtM4lfP
etlnM&ei=Q27_U5vaMsTkaJipgBg&tbm=isch&client=firefox-a&i-
act=rc&uact=3&dur=3140&page=1&start=0&ndsp=43&ved= 0CCkQrQMwAw

Die Djatlow-Gruppe

Lyudmila Dubinina (Людмила Александровна Дуби́нина) oder „Lyuda“, war zwanzig Jahre alt und die jüngste der Gruppe. Sie war Wirtschaftsstudentin.

Zinaida Kolmogorova (Зинаида Алексеевна Колмого́рова) oder „Zina“, war zweiundzwanzig Jahre alt. Sie studierte Rundfunktechnik.

Igor Djatlow (Игорь Алексеевич Дя́тлов) war dreiundzwanzig Jahre alt. Er war Student der Rundfunktechnik.

Rustem Slobodin (Рустем Владимирович Слобо́дин) oder „Ruskik“, war dreiundzwanzig Jahre alt. Er hatte bereits einen Abschluss in Maschinenbau. Er arbeitete als Ingenieur in Chelyabinsk-40 (einer nahegelegenen Stadt) in der *Mayak Production Association* (Russisch: Производственное объединение „Маяк“). Dies war einer der größten nuklearen Industriekomplexe der Russischen Föderation.

Yuri Doroshenko (Юрий Николаевич Дороше́нко) war einundzwanzig Jahre alt. Er studierte Rundfunktechnik.

Georgy Krivonishchenko (Георгий Алексеевич Кривони́щенко) oder „Yuri“, war dreiundzwanzig Jahre alt. Er war Bauingenieur in Chelyabinsk-40.

Nikolay Thibault-Brignoles (Николай Владимирович Тибо́-Бриньо́ль) oder „Kolya“, war dreiundzwanzig Jahre alt. Seine französischen Vorfahren waren in den 1880er Jahren nach Russland eingewandert, um in den Uralfabriken zu arbeiten. Sein Vater war ein Bergbauingenieur. Thibault-Brignoles hatte bereits seinen Abschluss im zivilen Industriebau und arbeitete als Bauingenieur.

Semyon Zolotaryov (Семён Алексеевич Золотарёв) oder „Sasha“, war siebenunddreißig Jahre alt, der Älteste der Gruppe.

Semyon nannte sich selbst Alexandr oder Sasha. Seine Biografie unterscheidet sich vom Rest der Gruppe. Er hatte im Zweiten Weltkrieg gedient und vier Auszeichnungen erhalten. Er besaß einen Abschluss vom *Institute of Physical Education* und arbeitete als Reiseführer.

Alexandr Kolevatov (Александр Сергеевич Колева́тов) war vierundzwanzig Jahre alt. Er war Student der Physik und Technologie.

Yuri Yudin (Юрий Ефимович Ю́дин) war zum Zeitpunkt des Vorfalls einundzwanzig Jahre alt. Er war Student der Ingenieurwissenschaft und Wirtschaft. Yudin war der einzige Überlebende der gesamten Gruppe, weil er aufgrund einer Krankheit nach Swerdlowsk zurückkehren musste, möglicherweise Radikulitis oder Rheumatismus.

Theorien über den Vorfall am Djatlow-Pass

1. Unüberwindbare Naturgewalt

Am 28. Mai 1959 schloss Lev Ivanov, der Staatsanwalt, den Djatlow-Fall. Er schrieb:

„Wenn man berücksichtigt, dass die Leichen keine äußerlichen Verletzungen aufweisen oder Kampfmale am Körper tragen, sowie die Anwesenheit aller Mitglieder der Gruppe, und wenn man die Ergebnisse der forensischen Untersuchung für die Todesursache der Reisenden in Betracht zieht, dann müssen wir annehmen, dass die Todesursache eine Naturgewalt war, der die Reisenden nichts entgegenzusetzen hatten."

Die offizielle Ansicht war, dass eine unbestimmte Elementarkraft zum Tod der Wanderer geführt hatte.

Im Entwurf vom 25. Mai waren die Leuchtkugeln und die Radioaktivität auf der Kleidung ebenfalls erwähnt worden, aber sie wurden durchgestrichen und fehlten im endgültigen Urteil, das den Fall abschloss.

2. Die einheimischen Mansen schlachteten sie ab

Als die Retter die toten Skiwanderer fanden und der Staatsanwalt seine Untersuchungen begann, wurden sie völlig aus der Fassung gebracht durch den möglichen Tatort.

Zunächst wurde die Theorie aufgestellt, dass die Mansen die Wanderer für das Eindringen in ihr Land getötet hätten, und um Alkohol und Geld der jungen Reisenden zu stehlen oder auch für das Betreten eines Krisengebietes oder das Entweihen eines Heiligen oder verbotenen Platzes.

Es gab Gerüchte, dass die Mansen Jahre zuvor eine junge Geologin in einem See ertränkt hätten. Sie banden ihre Füße und Hände an einen Baumstamm und warfen sie ins Wasser, weil es Frauen untersagt war, heilige Orte zu betreten.

Während der ersten beiden Wochen der Untersuchung arbeitete der Staatsanwalt an der Theorie, dass die Morde von Jägern der Mansen begangen worden waren.

Eine Mansenfamilie lebte nicht weit vom Zelt der Reisenden entfernt, das sich nur ein paar Hundert Meter über dem Pfad befand, der zu ihrer Hütte führte. Einige Mansen wurden eingesperrt und intensiv befragt.

Es wurde jedoch kein Beweis für diese Theorie gefunden. Die Untersuchungsprotokolle besagten, dass weder Otorten noch Kholat-Sakhl von den Mansen als heilige oder verbotene Plätze betrachtet wurden und es wurden auch keine Anzeichen für einen Kampf gefunden.

Es waren Alkohol und 1685 Rubel Geld im Zelt - der durchschnittliche Lohn jener Zeit lag bei etwa 800 Rubel - aber weder Alkohol noch Geld waren von den Verdächtigen entwendet worden.

Man entdeckte, dass das Zelt von innen her von den Reisenden selbst aufgeschnitten worden war und die Mansen wurden daraufhin aus dem Gewahrsam entlassen.

Es gibt immer noch viele Leute, die denken, dass die wirklichen Täter die Mansen sind, aber dass die Regierung die Wahrheit verschweigt.

3. Ein UFO

Die Informationen über den Djatlow-Pass Vorfall wurden während der Sowjetzeit unterdrückt. Diese Ereignisse wurden erst wieder ins Licht der Öffentlichkeit gerückt als Lev Ivanov, der Staatsanwalt, der an dem Fall arbeitete, im November 1990 den Artikel „Das Geheimnis der Feuerbälle" (Тайна огненных шаров) schrieb, der in der kleinen Zeitung *Leninsky Put* (Lenins Weg) veröffentlicht wurde.

Die Kernaussage deutete an, dass die Skiwanderer absichtlich mit einem Todesstrahl getötet worden waren, der von einem mysteriösen dicht-energetischen Feuerball ausgestrahlt wurde, den man in jener Zeit am Himmel gesehen hatte.

Ivanov schrieb: *„Jedem wurde erzählt, dass die Reisenden in einer Extremsituation erfroren sind. Das ist aber nicht wahr. Man hatte den Menschen die wahren Todesursachen verschwiegen und diese Ursachen sind nur einigen wenigen Menschen bekannt: dem ehemaligen ersten Sekretär des regionalen Komitees (der kommunistischen Partei) A.P. Kirilenko, dem zweiten Sekretär des regionalen Komitees, A.F. Eshtokin, dem regionalen Generalstaatsanwalt N.I. Klimov und dem Autor dieser Zeilen, der in die Untersuchung des Falles verwickelt war."*

Aber war das die verborgene Wahrheit?

Ivanov schrieb, dass er als Staatsanwalt mit einigen geheimen Verteidigungsangelegenheiten befasst war und basierend auf seiner eigenen Erfahrung, wies er die Version eines Nukleartests in diesem Gebiet zurück.

„Dann beschäftigte ich mit näher mit den Feuerbällen."

Der Artikel klang überzeugend bis zu dem Moment, als ich zu der Stelle kam, an der die Wanderer in geschlossenen Särgen beerdigt wurden, damit die Regierung die Wahrheit verbergen konnte.

Es ist Tatsache, dass die ersten fünf Opfer am 9. Und 10. März 1959 in offenen Särgen beerdigt wurden. Es gibt viele Fotos der Bestattung der dahingeschiedenen Skiwanderer und die Särge waren offen. Die Menschen konnten die toten Reisenden sehen, was Fragen über die erstaunlich tiefe Bräunung ihrer Gesichter aufwarf, die von einigen Augenzeugen als eine seltsame orange Farbe beschrieben wurde.

Die letzten vier Opfer wurden wegen der fortgeschrittenen Verwesung der Körper in geschlossenen Särgen begraben. Die Toten waren Anfang Mai gefunden und am 12. Mai 1959 - 100 Tage nach ihrem Tod - beerdigt worden. Ihre Leichen hatte mehr als drei Monate lang man im Freien ausgestellt. Natürlich sahen sie furchtbar aus.

Der Staatsanwalt, Lev Ivanov, sagte *„Ich machte die einzige Ausnahme für Dubininas Vater. Ich öffnete den Sargdeckel ein wenig, um ihm zu zeigen, dass seine Tochter ordentlich bekleidet war."* Die Reaktion von Mr. Dubinin könnte die Entscheidung, den Sarg geschlossen zu lassen, gerechtfertigt haben. Dubininas Vater war so erschüttert über den Zustand der Leiche seiner Tochter, dass er auf der Stelle ohnmächtig wurde.

Die falsche Information, dass alle Särge geschlossen waren, stellt den Text als echte und zuverlässige Quelle über den Djatlow Fall infrage. Was war es? Ein tatsächlicher Fehler oder eine absichtliche Falschinformation?

Enthält dieser Artikel, den der ehemalige Staatsanwalt neben der UFO-Lösung anbietet, eine Verschwörungstheorie, die besagt, dass hochrangige kommunistische Parteifunktionäre die Untersuchungen unterdrückt und angewiesen haben, dass die Leichen in geschlossenen Särgen zu beerdigen sind, um einige Regierungsgeheimnisse zu vertuschen? Aber das war nicht die Wahrheit. Jeder kann die offenen Särge auf den Fotos im Internet sehen.

Die Feuerbälle wurden zweimal beobachtet: Am 17. Februar und am 31. März 1959, aber zu der Zeit waren die Reisenden schon längst verschwunden. Gemäß den forensischen Untersuchungen starben sie in der Nacht vom 1. Februar, ungefähr sechs bis acht Stunden nachdem sie zu Mittag gegessen hatten. Vielleicht versuchte der

Staatsanwalt zu unterstellen, dass es auch am 1. Februar unbeobachtete Feuerbälle gegeben hatte, die wahrscheinlich die Djatlow-Gruppe töteten. Es gab keine zuverlässigen Zeugen, die am 1. Februar Lichtkugeln beobachtet hatten.

Wahrscheinlich waren die Widersprüchlichkeiten in der Untersuchung und die Besessenheit des Staatsanwaltes von den Feuerkugeln, die man Tage nach dem Vorfall am Djatlow-Pass gesehen hatte, der tatsächliche Grund dafür, dass man die Untersuchung einem anderen Untersuchungsbeamten übergeben hatte. Ivanov behauptet in dem Artikel, dass ihn seine Vorgesetzten von dem Fall abgezogen hatten, weil er die Vermutung der Feuerbälle als Hauptgrund für den Tod der Reisenden untersuchte.

Die Widersprüche in dem Artikel machen ihn zu einer unzuverlässigen Informationsquelle für diesen Vorfall, aber er enthält natürlich auch brauchbare Informationen. Er beantwortet die Frage, warum der Staatsanwalt die Leichen und die Kleidung auf Radioaktivität untersuchen ließ. Ivanov hatte nach harter (ionisierender) Strahlung gesucht, die von den Feuerbällen ausging, einer Art Todesstrahlen (Gammastrahlung, Röntgenstrahlung, Betastrahlen, etc.).

Die Fallermittler stellten fest, dass einige Zweige der Bäume neben der Zeder, bei der der Rettungstrupp die ersten Leichen gefunden hatte, verbrannt waren. Aber es war nicht möglich, das Epizentrum oder irgendeine andere Quelle auszumachen. Was verursachte diese Verbrennungen? Eine Explosion, eine Art unbekannter Energie, der Treibstoff einer fehlgezündeten Rakete, ein Energiestrahl, eine Rakete oder ein anderes Flugzeug, das darüber hinweg geflogen war, ein UFO, der Test einer neuen Geheimwaffe?

Lev Ivanov schrieb über die verbrannten Zweige: *„Dies bestätigt erneut den Hinweis auf einen Hitzestrahl oder eine Art starker Energie, die selektiv reagiert hat – der Schnee war nicht geschmolzen, die Bäume waren unbeschädigt. Man hat den Eindruck, dass jemand - als die Reisenden auf* *eigenen Füßen weiter als 500 Meter den Berg hinuntergerannt waren – gezielt mit ihnen abgerechnet hat."*

Lev Ivanov beendet seinen Artikel mit den Worten *„Nun, was ist mit den Astronauten der Feuerbälle? Wenn es welche auf dieser Welt gibt, werden sie früher oder später erscheinen und die Umstände werden sie in unsere Zivilisation führen. Daran habe ich keinen Zweifel."*

Die forensische Untersuchung der Leichen und der Kleidung kam zu dem Schluss, dass die Quelle der Radioaktivität keine ionisierende Strahlung (Todesstrahl) war, sondern eine Kontaminierung mit K-40 (Kalium-40, einem radioaktiven Isotop des Kalium). Ich werde das Vorhandensein der Radioaktivität im nächsten Kapitel erklären.

Vor dem Zelt befand sich eine kleine eisige Fläche von ca. zwei auf drei Metern, die aussah, als ob der Schnee für einen Augenblick geschmolzen war und dann sofort wieder gefror und eine Eisschicht auf dem Schnee bildete. Einige Befürworter der Feuerbälle behaupten, dass dieser Eisfleck von einem Feuerball (UFO) geschmolzen worden war und dann wieder gefror, wobei er die Eiskruste bildete. Aber es gibt eine realistischere Erklärung. Es wurde dunkel. Es war windig und es schneite. Als die Skiwanderer an dem Platz ankamen, an dem sie das Zelt aufbauen wollten, trampelten sie den Schnee nieder und sammelten all ihre Rucksäcke und ihr anderes Gepäck. Das Gepäck war sehr schwer. Jeder Skiwanderer trug ungefähr 30 kg (die Frauen) und 40 kg (die Männer), zusammen also ungefähr 340 kg plus das Gewicht der Reisenden. Sie ließen einen Teil der Nahrung und ihrer Habseligkeiten im Labaz (einem Zwischenlager) zurück, welches sie gebaut hatten. Dieser Platz blieb trotz Schnee und Wind eine Weile bestehen, genauso wie die Fußabdrücke, die über einen Monat lang erhalten blieben. Wir brauchen kein heißes UFO, um einen solchen Fleck vor dem Zelt zu machen, das normale Verhalten der Reisenden reicht aus.

Eine Menge Leute auf der ganzen Welt bezeugen alle möglichen Arten von UFOs, Feuerbällen, seltsamen Lichtern am Himmel und ähnliche Phänomene.

Laut Vladimir Karataev, einem Verbrechensermittler aus dem Büro des Staatsanwalts, hatten die Mansen in der Nacht, als die Reisenden starben, Feuerbälle am Himmel beobachtet. Er sagte, dass er einer der ersten Männer war, die am Ort des Geschehens eintrafen. Karataev behauptet, dass er über ein Dutzend Augenzeugen ausfindig machen konnte, die sagten, dass am Tag der Ermordung der Studenten einige Bälle am Himmel herumgeflogen sind. Ihm zufolge beschrieben die Augenzeugen nicht nur die Feuerbälle, sondern fertigten auch Zeichnungen der fliegenden Objekte an, jedoch sind diese Bilder und die Erklärungen der Augenzeugen aus den Fallakten verschwunden, weil sie von Moskau angefordert wurden.

In jener Nacht des 1. Februars gab es einen Schneesturm, was die Sicht stark beeinträchtigte und diese Aussagen auf wacklige Beine stellt. Sie wurden nicht offiziell bestätigt. Was waren das dann für Feuerbälle am 17. Februar und am 31. März 1959 – großkalibrige Leuchtraketen, Meteoriten, Raketen, fehlgeschlagene Raketentests, Kugelblitze, Wetterraketen, UFOs, Kometenteile?

4. Ein Orkan

Die Reisenden wurden von einem starken Wind weggeweht und erlitten schwere innere Verletzungen, die für einige von ihnen tödlich waren. Die restlichen Personen waren in einem solch schlechten Zustand, dass sie nicht zu ihrem Zelt zurückklettern konnten.

Gemäß dieser Theorie stand das Zelt am gefährlichsten Punkt im stärksten Wind. Jemand, der angezogen war, ging nach draußen, um nachzuschauen und wurde vom Orkan weggefegt. Sein Schrei ließ die anderen aus dem Zelt springen und sie wurden ebenfalls weggeweht. Das Zelt wurde durch den starken Wind zerrissen.

Die Mansen geben ebenfalls dem strengen Winterwind die Schuld. Sie behaupten, dass er sogar einen großen Hirsch erschlagen könnte.

Aber die Fußabdrücke im Schnee zeigten ganz deutlich, dass die Wanderer gerannt sind und nicht von einem Wirbelwind den Berg hinuntergeweht worden sind.

Ein starker Wind ließ das Zelt zusammenbrechen und die Skiwanderer mussten die Zeltwand aufschneiden, um ins Freie zu gelangen. Als sie herauskamen, wehte ein Windstoß sie den Hügel hinunter. Während sie den Berg hinunterrannten und rollten, erlitten einige sehr schwere Verletzungen. Wegen des starken Windes und der Dunkelheit konnten sie nicht zu ihrem Lager zurückkehren und warme Kleidung und Schuhe holen. Alle Bemühungen, sich warmzuhalten (das Feuer und die Höhle im Schnee) waren umsonst und sie starben an Unterkühlung.

Die Reisenden waren vor den gefährlichen Stürmen auf dem Pass gewarnt worden. Es gab Geschichten von Ortsansässigen, die vom Wind davongetragen wurden.

5. Infraschall

Eine Art merkwürdiger Ultraschall oder Infraschall trieb die jungen Reisenden in den Wahnsinn und sie hatten möglicherweise Halluzinationen, als sie sich im Zelt befanden. Die Skiwanderer schnitten in Panik das Zelt mit ihren Messern auf und rannen bergab in die kalte Nacht und den Sturm hinein. Die Minusgrade gaben ihnen den Rest. Es wurde auch vermutet, dass ein ganz bestimmter Infraschallbereich Resonanzschwingungen im Herzen auslösen und es zum Stillstand bringen kann.

Studien haben ergeben, dass Infraschall ein Gefühl von Schrecken oder Angst bei Menschen auslösen kann. Da er nicht bewusst wahrgenommen wird, könnte er bei Menschen das Gefühl auslösen, dass irgendwelche übernatürlichen Dinge geschehen.

Im Jahr 2003 unternahmen englische Forscher einen Großversuch; sie setzten 700 Personen einer Musik mit eingestreuten sanften 17 Hz Sinuswellen aus. Den Probanden wurde nicht gesagt, welche Musikstücke die niedrigfrequenten 17 Hz Beinahe-Infraschall-Töne enthielten. In Gegenwart der Töne berichteten eine signifikante Anzahl (22%) der Personen von Ängstlichkeit, Unwohlsein, extremer Sorge, nervösen Gefühlen von Ekel oder Angst, dass es ihnen kalt den Rücken herunterlief und von einem Druckgefühl in der Brust.

Richard Wisemann, Psychologieprofessor an der Universität Hertfordshire, sagte *„Diese Ergebnisse lassen vermuten, dass der Niederfrequenzton Menschen dazu bringen kann, ungewöhnliche Erfahrungen zu machen, sogar wenn sie den Infraschall nicht bewusst wahrnehmen können. Einige Wissenschaftler haben vermutet, dass dieser Frequenzbereich in einigen angeblichen Spukkäusern vorhanden ist und bei den Menschen seltsame Erlebnisse verursacht, die sie Geistern zuschreiben – unsere Forschungsergebnisse unterstützen diese Idee."*

Infraschall, manchmal auch als Niederfrequenztöne bezeichnet, liegt unterhalb des menschlichen Hörvermögens von 20 Hertz. Ultraschallfrequenzen liegen über dem menschlichen Hörbereich von 20.000 Hertz.

Infraschall kann von menschlicher Technik kommen oder aus der Natur, als Begleiterscheinungen von Erdbeben, Erdrutschen, Lawinen, schweren Brandungen, Nordlichtern, Blitzen, Meteoriten, einigen Tornados, Wasserfällen etc.

Wale, Elefanten, Nilpferde, Rhinozerosse, Giraffen, Okapis und Alligatoren sind dafür bekannt, mittels Infraschall über große Distanzen hinweg zu kommunizieren – im Fall der Wale sogar bis zu Hunderten von Meilen.

Ganz besonders Elefanten produzieren Infraschallwellen, die durch festen Boden hindurchgehen und von anderen Herden durch ihre Füße gespürt werden können, obwohl sie Hunderte von Kilometern entfernt sein können.

Tiere können die Infraschallwellen spüren, die bei Naturkatastrophen durch die Erde gehen und können sie als Frühwarnsystem nutzen. Ein jüngstes Beispiel dafür ist das Erdbeben und der Tsunami im Indischen Ozean im Jahr 2004. Es wurde berichtet, dass die Tiere schon Stunden vorher flohen, bevor der tatsächliche Tsunami die asiatische Küste traf.

Donnie Eichar, Autor des Buchs *„Toter Berg: Die wahre Geschichte des Djatlow-Pass Vorfalls"*, glaubt, dass die Wanderer ihren Verstand verloren haben dank dem Infraschall, der von dem seltenen Sturm erzeugt wurde, was vermutlich die Gefühle von Unwohlsein und Angst oder sogar Panik ausgelöst hat.

Mit einem ausreichend starken Sturm und einem geeigneten Terrain können sich Windhosen (viele kleine Tornados) bilden, die in der Lage sind, große Mengen an starken Infraschallwellen auszusenden, genauso wie auch selbst Schaden anzurichten.

In der Flüssigkeitsdynamik ist eine Karmanische Wirbelstraße ein sich wiederholendes Muster von kreisenden Wirbeln, die von gegenläufigen Wirbeln ausgehen, die sich bei der Umströmung eines stumpfen Körpers mit einer Flüssigkeit bilden. (Der Wirbel ist benannt nach Theodore von Kármán.)

Er ist verantwortlich für ein Phänomen wie das Summen eines aufgehängten Telefons oder toten Stromleitungen und auch der Vibration der Autoantenne bei einer bestimmten Geschwindigkeit. Stürme, die auf alleinstehende Inseln treffen oder Berge, die ihn bis in die Atmosphäre leiten, können große Störungen der Wirbelstraßen verursachen, die man auf Satellitenfotos sehen kann.

In einem Interview des „Failure Magazine" vom 1. Februar 2014 sagte Eichar *„Es gab viele Spekulationen und Gerüchte um die falschen*

Berichte über den extremen Grad an Radioaktivität, dass jemandem die Zunge herausgeschnitten wurde und der Art der Verletzungen der gebrochenen Rippen und Schädel, die einige der Wanderer erlitten haben."

Die originalen forensischen Dokumente des Generalstaatsanwaltes befinden sich im Internet und jeder kann sie lesen. Eine glaubwürdige Hypothese sollte diese Dokumente nicht vernachlässigen, weil sie nicht die verwirrenden Verletzungen und den hohen Grad der Radioaktivität erklären kann.

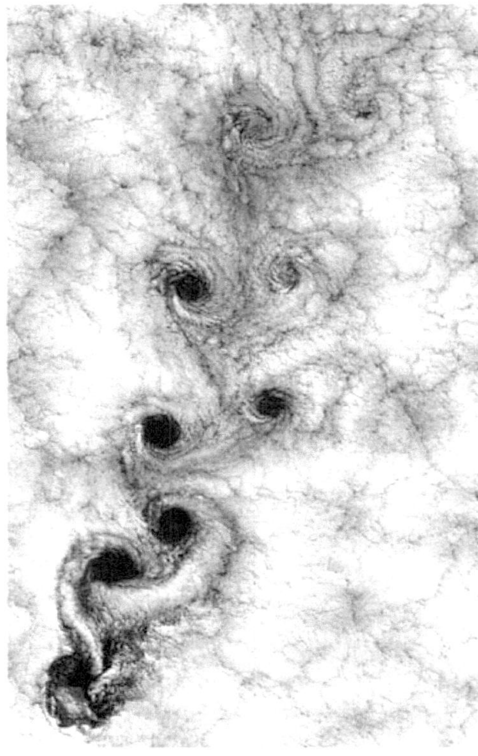

Karmansche Wirbelstraße, die von einem Sturm verursacht wurde, der um die Juan-Fernandez-Inseln vor der chilenischen Küste wehte. Foto: NASA

Quelle:

http://de.wikipedia.org/wiki/K%C3%A1rm%C3%A1nsche_Wirbelstra%C3%9Fe (gemeinfrei)

6. Psychotronische Waffen-Tests

Der Terminus „psychotronisch" wurde 1967 von Zdeněk Rejdák für das Studium der Parapsychologie geprägt. In den 1970er und 1980er Jahren schürten umfangreiche Forschungsprogramme und zahllose Konferenzen in diesem Bereich die Angst vor Maßnahmen des Kalten Krieges wie „Gedankenkontrolle" oder andere psychotronische Waffen, die von der Sowjetunion oder den Vereinigten Staaten entwickelt werden.

Menschen auf der ganzen Welt haben zugegeben, dass ihre Regierungen psychotronische Instrumente einsetzen, um ihre Gedanken und ihr Verhalten zu kontrollieren, sie zu quälen und ihre Bewegungen zu verfolgen.

Forscher des Djatlow-Vorfalls sind überzeugt, dass die jungen Reisenden das Zelt in einem Zustand der Verwirrung und Panik verlassen haben und halb nackt den Hang hinunter gerannt sind, eine Meile weit, die meisten sogar ohne Schuhe. Ihre weiteren Handlungen sind völlig unlogisch. Anstatt sofort zum Zelt zurückzukehren, wo sich ihre Nahrung, Feuerholz, Ofen und warme Kleidung befanden, versuchten sie ein kleines Feuer zu machen unter einer Zeder im Wald. Nach kurzer Zeit versuchten drei von ihnen zum Zelt zurückzukehren, kriechend, als ob sie noch immer Angst vor etwas hätten, völlig erschöpft von einigen unnatürlichen Gefühlen und katastrophalen Gehirnaktivitäten. Ihr seltsames Verhalten wirft einige ernste Fragen auf.

Wie konnten einige von ihnen so schwer verletzt werden? Warum haben sie sich so benommen? Wer oder was konnte ein solch seltsames, selbstzerstörerisches Verhalten auslösen?

Das erste Beispiel von psychotronischen Waffen waren Infraschall-Verstärker mit einer zerstörenden Wirkung auf die menschliche Psyche. Sie verursachten Angstzustände, Desorientierung, verschiedenen Halluzinationen verstorbener Angehöriger, Seelen,

Geister, böse Götter – einem ganzen Sammelsurium des Unterbewussten.

Diese kraftvollen Verstärker konnten auch organische Schäden verursachen und seltsame Deformationen der inneren Organe und ihre Opfer auf diese Art töten.

Vladimir Gavreau, in Russland geboren als Vladimir Gavronsky, war ein französischer Wissenschaftler, der als Erster mit dem biologischen Effekt von Infraschall experimentierte. Seine Interesse an den Infraschallwellen erwachte um 1960 herum in seinem Labor, als er und seine Laborassistenten Schmerzen im Trommelfell bekamen und die Laborausrüstung wackelte, ohne dass ein hörbarer Ton in seinen Mikrofonen wahrgenommen werden konnte.

Eines von Gabreaus Experimenten war ein Infraschallpfeifen, von dem einige sagen, dass es zu einer Reihe von Forschungen im Bereich der militärischen Anwendungen geführt hat. Autor William S. Burroughs (Naked Lunch, 1959) beschreibt die Anordnung folgendermaßen:

„Bei der Entwicklung einer militärischen Waffe beabsichtigten Wissenschaftler auf die Form einer Polizeipfeife zurückzugreifen, vielleicht 18 Fuß im Durchmesser, sie auf einen LKW zu montieren und mit einem Gebläse zu betreiben, das von einem kleinen Flugzeugmotor angetrieben wird. Diese Waffe, so sagen sie, wird alles zerstörende 10.000 Watt von sich geben. Sie könnte einen Mann in fünf Kilometern Entfernung töten. Die Sache hat nur einen Haken: gegenwärtig ist die Maschine für ihre Bediener genauso gefährlich wie für den Feind. Das Team arbeitet an einer Möglichkeit, sie zu fokussieren. Verschiedene Arten von Reflektoren sind schon ausprobiert worden, aber die vielversprechendste Methode scheint es zu sein, einen anderen und gegenphasigen Ton, der um eine (halbe) Wellenlänge versetzt ist, hinter der Maschine wiederzugeben. Dies ändert die Frequenz der Longitudinalwellen in der Luft, die sich in diese Richtung bewegen und die somit jeden im Hintergrund beschützen. Es gibt natürlich noch eine viel einfachere Methode zum Schutz: Schalte die Maschine aus einer sicheren Entfernung ein."*

(* gem. Originaltext eine Wellenlänge versetzt, nach aktuellem Forschungsstand müsste es eine halbe Wellenlänge sein; Anm. d. Ü.)

Gavreaus Experimente regten theoretische Diskussionen über die Möglichkeit an, einen kohärenten Infraschall an: einen Infraschalllaser, der den Feind sicher und geräuschlos tötet.

Laut den Infraschallinteressierten könnte diese Theorie einige verwirrende Fakten erklären, die den mysteriösen Vorfall umgeben, inklusive den Halluzinationen vieler Menschen, die meilenweit entfernt waren vom Djatlow-Pass und UFOs und seltsame Lichter am Himmel gesehen haben und die an irrationaler Angst litten.

In der Sowjetunion hatte die Idee der Bewusstseinskontrolle ihre Anfänge in den 1920er Jahren. Alexander Belyaev war ein höchst einflussreicher Science-Fiction Autor.

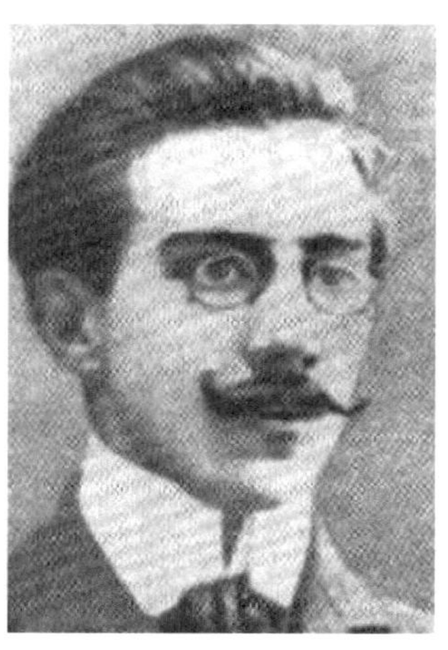

Alexander Belyaev, Autor von „Herrscher der Welt“, erschienen 1926, eine Science-Fiction Novelle über Bewusstseinskontrolle.

Quelle:

http://www.google.de/imgres?imgurl=http://upload.wikimedia.org/wikipedia/commons/9/96/Alex_Belayev.jpg&imgrefurl=http://de.wikipedia.org/wiki/Alexander_Romanowitsch_Beljajew&h=248&w=172&tbnid=ae1G0_rf1AcA5M: &zoom=1&tbnh=160&tbnw=110&usg=__1hMhcoAJFxqgQIYyOeJsl0JEqaU=&docid=ZHRDfr5puzcjVM&itg=1&sa=X&ei=U2__U63bHcXuOsuGgdAH&ved=0CJYBEPwdMBE

Seine bekannte Science-Fiction Novelle „Herrscher der Welt", die 1926 veröffentlicht wurde, basierte auf den Forschungen von Hans Berger, einem deutschen Neurologen, der 1924 erfolgreich das erste menschliche Elektroenzephalogramm aufnahm und dessen Landsmann Bernard Kajinski, einem Wissenschaftler, Ingenieur, Autor und Pionier der Telepathie-Forschung. Kajinski schrieb 1923 die Broschüre „Gedankenübertragung" (Передача мыслей).

1919 lebte Kajinski als Ingenieur der Elektrotechnik in Tbilisi, der Hauptstadt von Georgien, das zwei Jahre später Teil der Sowjetunion wurde. Sein Freund, ein 19 Jahre alter Junge, bekam plötzlich Typhus. Kajinski besuchte ihn jeden Tag nach der Arbeit. An einem schwülen Augustabend, nachdem er sehr müde nach Hause gekommen war, ging er zu Bett und schlief ein. Plötzlich hörte er im Schlaf ein leises Klingeln, das sich anhörte wie ein Silberlöffel, der gegen ein Glas geschlagen wird. Und dieses seltsame Geräusch weckte Kajinski. Er stand auf und suchte die Ursache dafür, weil er dachte, dass eine Katze auf den Tisch gesprungen war. Er fand jedoch auf dem Tisch weder eine Katze noch ein Glas oder einen Löffel. Die Uhr zeigte exakt zwei Uhr morgens.

Am nächsten Abend machte sich Bernard wie immer auf den Weg, um seinen kranken Freund zu besuchen. Aber je näher er an dessen Haus kam, desto stärkere Angstgefühle bekam er. Es stellte sich heraus, dass der junge Mann in der letzten Nacht verstorben war und sein Zimmer bereits mit trauernden Verwandten und Freunden überfüllt war. Und als Bernard Kajinski dabei half, den Leichnam seines Freundes zu tragen, streifte er zufällig den Nachttisch und hörte plötzlich dasselbe Geräusch: ein Glas, das von einem Löffel berührt wurde. Auf dem Tisch lag tatsächlich ein Glas mit einem Silberlöffel.

Während sie ihn dabei beobachtete, wie er diese Objekte untersuchte, brach die Mutter des Jungen erneut in Tränen aus. Später erklärte sie ihm, dass sie gerade dabei gewesen war, ihrem Sohn seine Medizin zu geben. Aber in dem Moment, als der Löffel seine Lippen berührte, starb er – und sie ließ den Löffel in das leere Glas zurückfallen.

Als sie demonstrierte, wie sie das gemacht hatte, hörte Kajinski genau denselben Ton, der ihn aufgeweckt hatte – just in dem Moment, als sein Freund starb und obwohl ihre Häuser eine Meile voneinander entfernt lagen.

„Aber wie konnte ich nur dieses Geräusch hören, das so weit entfernt war und genau in dieser einen Nacht?“

Es stellte sich heraus, dass sein Freund um 2 Uhr morgens gestorben war.

„Ich bin nicht abergläubisch, aber mir wurde kalt. Ich erkannte, dass sich genau hier, neben dem toten Körper meines Freundes, das Mysterium ereignet hatte, das mich mit der großen Wahrheit der Natur verband“, schrieb Kajinski später, 1963, in seinem Buch „Biologische Radio-Kommunikation“ (Биологическая радиосвязь).

Er war von dem Gedanken besessen, die geheime Übertragung des Klangs des Silberlöffels über die Entfernung hinweg zu enthüllen. Nach einigem schmerzhaften Zögern und Zweifeln vermutete er, dass ein Mensch ein lebendiges Radio ist. In diesem Fall spielt das Gehirn gleichzeitig die Rolle eines Radiosenders und -empfängers. Während des Denkvorgangs sendet der Mensch elektromagnetische Wellen aus, die seine Gedanken sind. Und diese Wellen können von einer anderen Person empfangen werden, die sich auf den Sender einstellt. Es sieht aus, als würde das Gehirn wie ein Radio arbeiten.

1920 lebte Kajinski in Moskau und hielt Vorträge über das biologische Radio. Die Idee, dass ein Mensch eine bewegliche Radiostation ist, schien so faszinierend zu sein und so real. *„Meine Arbeitshypothese (dass der Gedanke eine elektromagnetische Welle ist) hat immer wieder überall eine Menge Aufmerksamkeit erregt, egal wo ich darüber gesprochen habe“*, gab Kajinski zu.

In der Sowjetunion und im modernen Russland, aber auch in vielen anderen Ländern existieren die Ideen der Bewusstseinskontrolle und psychotronischen Geräte. Viele Menschen sind davon überzeugt, dass die Djatlowgruppe durch einen Test irgendeiner Art von Geheimwaffe, möglicherweise einer psychotronischen, getötet wurde.

7. Lawine

Die Lawinentheorie hat ebenfalls eine große Gruppe von Befürwortern aber auch eine große Anzahl von Gegnern.

Es wurden keine Spuren einer normalen Lawine gefunden, daher wenden ihre Fürsprecher ein, dass es eine Schneebrettlawine war, die nur ein paar Meter groß war und die nur einige Meter weit schlitterte.

Normalerweise wird eine Schneebrettlawine dadurch gebildet, dass sich eine Schneelage löst. Ihr Verhalten ist dabei mehr oder weniger das einer regulären Lawine. Viele Menschen, die in Lawinen umkommen, sterben in Schneebrettlawinen. Solche Lawinen kommen vor, wenn eine härtere oder geschlossenere Schneeschicht auf einer weicheren oder weniger klebrigen und schwächeren Schneeschicht liegt. Schneebrettlawinen ziehen oft eine große Menge schnell rutschenden Schnees mit sich. Skifahrer lösen typischerweise Platten in der Mitte des Hangs aus, unterhalb der Bruchlinie, was ein Entkommen oft extrem schwierig macht.

Die Schneebrettlawinen haben eine Startzone, eine Spur und eine Abladezone mit Geröll.

Eine Lawine hätte „fließende" Muster hinterlassen und „Schutt" über einen weiten Bereich hin verstreut, aber nichts dergleichen wurde gefunden.

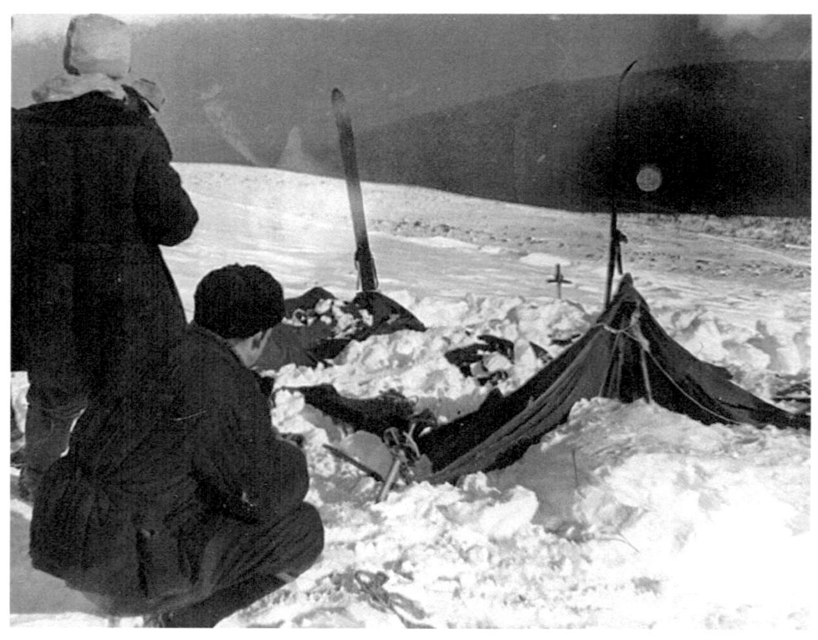

Das verlassene und zerstörte Zelt

Quelle: (http://commons.wikimedia.org/wiki/File:Dyatlov_Pass_incident_02.jpg)

Es gibt viele Bedenken gegen die Lawinentheorie. Sie konnte nicht diese speziellen Verletzungen an den Opfern verursacht haben, die ich im nächsten Kapitel noch analysieren werde. Wenn eine Lawine solche schweren und sogar tödlichen Verletzungen auslösen konnte, wäre das Zelt zusammengebrochen und die Habseligkeiten der Reisenden zerquetscht worden. Aber diese hypothetische Lawine, die gegen die Naturgesetze verstößt, verschonte alle leicht zu zerstörenden Gegenstände wie den leicht zerbrechlichen Ofen und seine Abluftrohre, Aluminiumbecher, Eimer, einen Behälter mit einem Kakaogetränk, Wasserflaschen und andere Gegenstände. Alle diese Gegenstände wurden unversehrt und geordnet im Zelt gefunden. Die Skier und Skistöcke, die im Schnee neben dem Zelt steckten, waren nicht umgeworfen worden.

Personen mit solchen schweren, sogar tödlichen Verletzungen könnten nicht eine Meile weit den Berg hinab rennen. Der tödliche Vorfall geschah neben der Zeder. Was auch immer sie getroffen hat, es hat fast die ganze Gruppe aus dem Verkehr gezogen. Die Fußabdrücke auf dem Hang zeigen an, dass acht oder neun Menschen bergabwärts rannten.

Gemäß der Lawinentheorie brach das Zelt unter dem Gewicht des Schnees zusammen und die Wanderer wurden unter den schweren Schneemassen und dem Zelt begraben und mussten die Zeltwand an verschiedenen Stellen aufschneiden, um freizukommen. Wegen der Unterkühlung waren ihre weiteren Handlungen nicht ganz angemessen, was schließlich zu ihrem Tod führte.

Aber die erfahrenen Alpinisten des Suchtrupps konnten keine Spuren einer Lawine entdeckten. Der Hang ist nicht lawinengefährdet.

Die Forscher behaupten, dass mehr als Hundert Expeditionen in diese Region abgehalten wurden, seit der Djatlow-Pass Vorfall sich ereignete und keine davon hat je von Bedingungen berichtet, die eine Lawine in dieser Gegend möglich machten.

Es ist nicht ganz klar, warum die dahingeschiedene Gruppe vor einer Lawine bergab rennen und dabei einige tödlich verletzte Mitglieder tragen sollte. Alle Skiwanderer wissen, dass sie seitlich wegrennen müssen. Vor einer Lawine her zu rennen ist ein tödlicher Fehler. Sie waren erfahrene Skiwanderer. Djatlow, ein erfahrener Skifahrer und Reiseführer, und der viel ältere Alexander Zolotaryov, ein Skilehrer und Reiseführer, studierten für einen Master Abschluss als Skilehrer und Bergwanderer. Sie hätten es nicht zugelassen, das Zelt irgendwo in einer möglichen Lawinenspur aufzustellen. Und sie wussten genau, was man im Falle einer Lawine zu tun hatte.

In den letzten fünfundfünfzig Jahren seit dem tragischen Tod der neun Reisenden gab es keine Aufzeichnungen über eine Lawine an dieser Stelle.

8. Eine relative kleine Menge von losem Schnee ließ das Zelt zusammenbrechen

Eine relative kleine Menge von losem Schnee ließ das Zelt zusammenbrechen; die verängstigten Studenten schnitten das Zelt auf, um ins Freie zu gelangen und rannten hügelabwärts einer möglicherweise größeren Lawine davon. Sie starben an Unterkühlung. Diese Hypothese hat einige der Schwachstellen der vorangegangenen Lawinentheorie. Ein zusätzliches Problem ist, dass sie die schweren und tödlichen Verletzungen nicht erklären kann.

9. Von Goldschürfern getötet

Ortsansässige sagen, dass es *„an diesem Ort soviel Gold wie Dreck gibt"*.

In der Vergangenheit war die nahegelegene Stadt Ivdel eine Goldgräbersiedlung.

Während der Sowjetära gehörten alle Bodenschätze und alle Produktionsmittel (Geräte, Fabriken, Maschinen, Lkws und so weiter) dem Staat. Der private Abbau von Gold, Silber, Öl etc. war verboten.

Relativ eng beieinander liegen Ivdel, der Berg Otorten, die Flüsse Lozva und Auspia und der Djatlow-Pass. Überall gibt es Gold. Goldschürfer haben seit Hunderten von Jahren Gold in der Taiga (nördlicher Nadelwaldgürtel oder Schneewald) abgebaut.

Der Lozva Fluss war und ist geeignet für das Goldschürfen. Sogar im Winter fördern Leute illegal Gold aus dem Fluss.

Zu Sowjetzeiten gab es auch illegale Goldminen. Es gab Leute, die eigenständig arbeiteten, aber die meisten waren Kriminelle und Gefangene aus dem Lager, die Gold für hochrangige Offiziere der Miliz (Russisch: мили́ция) schürften, oder für die Lagerverwaltung oder den NKVD (Народный комиссариат внутренних дел), der Vollzugsbehörde der Sowjetunion, die die Gesetze der kommunistischen Partei direkt vollzog. Er stand im engen Zusammenhang mit der sowjetischen Geheimpolizei, die zeitweise Teil der Behörde war und die berüchtigt ist für ihre politische Unterdrückung während der Ära von Joseph Stalin.

Diese Theorie besagt, dass die Djatlow-Gruppe möglicherweise über verstecktes Gold gestolpert war oder Strafgefangene illegal Gold abbauen sah für ihre hochrangigen Bosse und deswegen wurde die Freunde von einigen Offizieren oder Gefangenen zum Schweigen gebracht.

Die Mansen behaupten, dass einige nicht identifizierbare Skifahrer der Djatlow-Gruppe folgten, aber es ist immer noch ein Rätsel, wer diese Leute waren.

Das Ivdelag, ein sowjetisches Umerziehungs-Arbeitslager (исправи́тельно-трудово́й ла́герь), wurde 1937 erbaut. 1939 lebten dort 20.162 Gefangene. In diesem Lager starben über die Jahre ungefähr 30.000 Menschen wegen der harten Bedingungen und der schweren Arbeit. Sofort nach dem deutschen Angriff auf die Sowjetunion im Juni 1941, verschlechterten sich die Bedingungen im Lager drastisch – die Produktionsquoten wurden erhöht, die Nahrungsrationen wurden gekürzt, die medizinische Versorgung schrumpfte auf null, was zu einem starken Anstieg der Sterblichkeitsrate führte. Aufgrund des großen Baumbestandes um das Lager herum wurden die Gefangenen hauptsächlich bei der Holzproduktion in der Taiga eingesetzt.

Ende der 1950er Jahre wurde das Ivdelag teilweise geschlossen. Der Generalstaatsanwalt Lev Ivanow schrieb in einem Artikel, dass an dem Suchtrupp auch Fährtensucher des Umerziehungslagers teilnahmen.

10. Die Wanderer hatten halluzinogenen Tee bekommen

Die Mansen gaben den Eindringlingen halluzinogenen Tee oder irgendwelche Drogen, um sie von ihren heiligen Plätzen zu vertreiben. Die Reisenden begannen, sich wie Verrückte aufzuführen und taten eine Menge seltsamer Dinge, die schließlich zu ihrem Ableben führten. Sie zogen sich aus und zerschnitten ihr Zelt, rannen ohne Schuhe und halb nackt in den Schnee, begannen sich gegenseitig zu bekämpfen, schliefen im Schnee, etc.

11. Ein Meteorit

Eine forensische medizinische Untersuchung der verwundeten Reisenden kam zu dem Schluss, dass ihre schweren inneren Verletzungen wahrscheinlich durch eine Druckwelle einer Explosion in der Luft entstanden sind.

Das war aber keine Bombe oder Rakete, weil es an dem Schauplatz oder an den Bäumen oder Leichen der Opfer kein Schrapnell (Fragmente die durch die explodierende Bombe oder Granate herausgeschleudert wurden) gab.

Einige Forscher vermuten, dass die Lichter am Himmel zu jener Zeit ein Hinweis für einen Meteorschauer waren und einige der Reisenden verletzt oder getötet wurden, der Rest von ihnen für einige Zeit völlig außer Gefecht gesetzt wurde durch die Druckwelle der Meteoritenexplosion in der Luft und dass die überlebenden Skiwanderer schließlich an Unterkühlung starben.

Es wurden viele Explosionen in der Erdatmosphäre aufgezeichnet, die möglicherweise durch Luftdetonationen von einem Meteoriten stammen, der bei Eintritt in die Atmosphäre verglüht. Der bekannteste und spektakulärste war der Tunguska Vorfall von 1908. Viele solcher Luftdetonationen hinterlassen keinen Krater. Die Fragmente des explodierten Meteoriten sind manchmal sehr klein. Sie wiegen nur wenige Gramm.

Ein oder zwei Reisende waren immer noch draußen und warnten den Rest der Gruppe davor, das Zelt zu verlassen, weil ein Meteorit in wenigen Minuten oder sogar nur Sekunden in dem Gebiet einschlagen würde und vielleicht sogar in ihr Zelt, sodass sie die Zeltwände zerschnitten und bergab rannten, aber der Bolide detonierte über ihren Köpfen und schlug nicht auf dem Boden auf. Die brennenden Wipfel einiger Bäume zeigen, dass es eine Luftdetonation gegeben hat.

Die meisten Meteoriten sind nicht radioaktiv, aber einige von ihnen enthalten geringe Konzentrationen der natürlichen Radioisotope Thorium, Uran und Kalium. Wissenschaftler vermuten, dass das radioaktive K40 in den Meteoriten durch kosmische Weltraumstrahlen gebildet wird. Die Luftdetonation brachte einige geringe Mengen von radioaktivem Staub, der radioaktives Kalium enthielt, welches in den Laboren auf den Kleidungsstücken einiger Skiwanderer gefunden wurde.

12. Luftfahrzeuge

Gemäß dieser Theorie fiel die schwere Gondel eines Aerostats auf das Zelt der Skiwanderer, verwundete einige von ihnen schwer und verwirrte sie alle. Sie mussten die Zeltwände aufschneiden, um das zusammenbrechende Zelt zu verlassen. In der dunklen Winternacht rannten sie vom Lager weg, ohne zu wissen, was geschah.

1946 begann die Luftwaffe der Vereinigten Staaten von Amerika Erkundungsflüge entlang der sowjetischen Grenze durchzuführen, um die Größe, Zusammensetzung und Aufstellung der Sowjetischen Armee festzustellen.

1952 unternahm ein umgebauter B-47B Bomber den ersten tiefen Überflug über das Sowjetterritorium, um sowjetische Bomber in Sibirien zu fotografieren. 1954 genehmigte Präsident Eisenhower ein geheimes Programm namens *Project Aquatone* unter Leitung der CIA, um ein spezielles höhentaugliches Aufklärungsflugzeug zu bauen und zu fliegen

Lockheed wurde ausgewählt, um das Aufklärungsflugzeug zu bauen und 1955 fand der erste Testflug der U2 statt.

Andere strategische Aufklärungsmissionen wurden fortgesetzt, während die U2-Tests weiterliefen. Anfang 1956 verwendete *Projekt GENETRIX* höhentaugliche Foto-Aufklärungsballons, die dazu dienten, fotografische Einsichten zu sammeln, während sie über die Sowjetunion schwebten. Die Genetrix-Ballons erreichten Höhen von 50.000 - 100.000 Fuß (15 - 30 km), weil über der Flughöhe der damaligen Kampfflugzeuge.

Die Pläne von Genetrix sahen den Start von fast 2500 Stratosphärenballons aus Evanton (Schottland), Gardermoen (Norwegen), Giebelstadt und Oberpfaffenhofen (Deutschland) und Incirlik (Türkei) vor, die Kameragondeln tragen sollten. Diese Ballons würden mit dem Winter Jet Stream über die Sowjetunion fliegen und beinahe die ganze sowjetische Landmasse abdecken.

Zwischen dem 10. Januar und dem 6. Februar 1956 wurden insgesamt 516 höhentaugliche Luftfahrzeuge von verschiedenen Startplätzen aus gestartet. Unzählige Ballons wurden von der sowjetischen Armee abgeschossen oder vom Kurs weggeweht. Die Flüge führten zu vielen diplomatischen Protesten.

13. Test einer chemischen Waffe

Yudin, der zehnte Skiwanderer, sagte, dass er Dokumente gesehen hätte, die ihn davon überzeugten, dass die kriminaltechnischen Ermittlungen des Todes seiner Freunde bereits am 6. Februar eröffnet worden waren, lange bevor das Suchteam ihr Zelt und ihre Leichen fand. Er war sicher, dass sie die Opfer irgendeines geheimen Militärtests geworden waren.

Etliche Forscher behaupteten, dass sie an der Unglücksstelle metallische Rückstände von Waffen gefunden hätten, die den Verdacht stützten, dass es sich hier um ein militärisches Testgelände handelte und die Wanderer während solcher Tests getötet worden waren. Die seltsame orange Farbe ihrer Haut ließ die Forscher vermuten, dass die Armee neue chemische Waffen testete.

Die Reisenden hatten ihr Zelt aufgeschnitten, weil jemand sie von draußen warnte, dass Raketen in der Nähe explodierten oder sie hörten Explosionen und rochen die explodierten Zündstoffe und das Gas oder sahen einige farbige Chemikalien.

Eine nahegelegene Explosion einer Granate oder Rakete verursachte die schweren inneren Verletzungen und vergiftete die Reisenden in verschiedenen Schweregraden. Einige von ihnen starben sofort, der Rest starb innerhalb der nächsten zwei Stunden. Ihr Verhalten vor ihrem Tod war verwirrt wegen den Verletzungen und der Vergiftung.

Die verbrannten Äste der Bäume waren der Beweis für die Explosion einer Granate oder Rakete.

Wenn man das seltsame Verhalten der Skiwanderer in Betracht zieht, besagt eine Variante dieser Theorie, dass die durch psychotrope Substanzen vergiftet worden waren.

Psychochemische (Psychotrope) Waffen sind Instrumente, die dazu dienen, den Feind durch Psychopharmaka außer Gefecht zu setzen.

Die Verwendung nichttödlicher Chemikalien, um Feine kampfunfähig zu machen, geht zurück bis mindestens 600 v.Chr. als Solons Soldaten Nieswurz-Wurzeln in Bäche warfen, die die Feinde mit Wasser versorgten, worauf die Soldaten Durchfall bekamen. 184 v.Chr. verwendete Hannibals Armee Belladonna Pflanzen, um Orientierungslosigkeit herbeizuführen. Der Bischof von Münster versuchte 1672 n.Chr. belladonnahaltige Granaten bei einem Angriff auf die Stadt Groningen zu verwenden.

Im Jahr 2002 nahmen tschetschenische Terroristen 916 Geiseln in einem Moskauer Theater und drohten damit, das ganze Theater in die Luft zu sprengen bei jeglichem Versuch, diese Belagerung zu zerschlagen.

Ein kampfunfähig machendes Mittel wurde verwendet, um die Terroristen auszuschalten, während das Theater von Spezialkräften gestürmt wurde. Aber das damals noch unbekannte Mittel verursachte den Tod einiger Geiseln. Während des Einsatzes wurden alle 40 Angreifer von den russischen Kräften getötet und ungefähr 130 Geiseln starben aufgrund der Nebenwirkungen des Gases. Damals wurde berichtet, dass das Gas ein unbekanntes kampfunfähig machendes Mittel namens „Kolokol-1“ sei. Das russische Gesundheitsministerium gab später an, dass das Mittel, das beim Sturm des Moskauer Theaters verwendet worden war, ein Fentanyl-Derivat gewesen sei.

14. Vergiftet durch Raketentreibstoff

Eine hypergolische Raketentreibstoff-Kombination, die man in einem Raketentriebwerk verwendet, ist ein Treibstoff, bei dem die Komponenten spontan zünden, wenn sie miteinander in Kontakt kommen. Die zwei Treibstoffkomponenten bestehen üblicherweise aus einem Brennstoff und einem Oxidationsmittel. Hypergolischer Raketentreibstoff ist schwierig zu handhaben wegen seiner extremen Giftigkeit und/oder Korrosivität.

Die ersten ballistischen Raketen wie die sowjetische R-7, die 1957 Sputnik 1 zündete und die U.S. Atlas und Titan-1 verwendeten Kerosin und flüssigen Sauerstoff. Die Einnahme von Kerosin ist schädlich oder tödlich. Es kann Verbrennungen und schwere Krankheiten auslösen.

Einige Raketen verwenden das hochgiftige Heptyl (1,1-Dimethylhydrazin (Abk. UDMH für Unsymmetrisches Dimethylhydrazin). Es kann auch über die Haut aufgenommen werden.

Es gibt Behauptungen, dass die Skiwanderer durch den Treibstoff einer fehlgezündeten Rakete vergiftet wurden.

Als im Mai 1959 die Leichen entkleidet und ihre Kleidung vor der Autopsie auf Leinen aufgehängt wurde, bemerkten die forensischen Physiker sofort einen seltsamen hellvioletten Farbton auf allen Kleidungsstücken. Sie dachten, dass die Kleidung möglicherweise mit irgendeiner Chemikalie behandelt worden war.

Die seltsame orange Farbe auf den Gesichtern der Reisenden, das violette Leuchten der Kleidung, die metallischen Rückstände von Waffen an dieser Stelle und die Lichter von Raketen am Himmel in jener Nacht sind unleugbare Beweise für einen chemischen Angriff oder eine Vergiftung durch Raketentreibstoff, behaupten einige Forscher.

15. Atomexplosion hoch oben im Himmel

Eine Atomrakete versagte und tötete die Wanderer.

Eine Version dieser Theorie besagt, dass die Sowjets eine neue Art von Atombombe testeten. Der Test lief schief, aber die Explosion war stark genug, um alle neun Skiwanderer zu töten und die Unglücksstelle zu kontaminieren. Das seltsame Licht am Himmel war die Zubringerrakete.

Der überlieferte tiefbraune oder orange Farbton auf den Gesichtern der Reisenden in Verbindung mit den metallischen Waffenresten, verbrannten Zweigen und mit radioaktivem Staub kontaminierter Kleidung weist deutlich auf eine Art nuklearen Unfall hin.

16. Purpurnebel

Den russischen Forschern zufolge ist der Purpurdunst oder Purpurnebel eine seltene Form des Nordlichts, die anstatt wie üblich in der Höhe von Hunderten von Kilometern auf Bodenhöhe vorkommt. Während starker Sonneneruptionen und Magnetstürme kann die Polarlichtzone sich Tausende von Kilometern nach Süden verlagern; die elektrostatischen Felder nahe der Erdoberfläche können sich um das Zehnfache erhöhen.

Eine starke Sonneneruption ionisierte die unteren Luftschichten in der Gegend des Uralgebirges, in der die Reisenden ihr Lager aufgeschlagen hatten. Das Phänomen des Purpurnebels ereignet sich oft bei Sonnenuntergang. Die seltsamen Vorkommnisse am Djatlow-Pass begannen bei Sonnenuntergang. Es gibt viele Augenzeugen, die den seltsamen Purpurnebel in der nördlichen Region Russlands beobachtet haben und sie rannten alle fluchtartig vor dem gruseligen Purpurnebel davon. Manchmal bilden sich im Dunst rote oder orange Feuerbälle, die noch lange Zeit sichtbar bleiben, nachdem der Nebel verschwunden ist.

Die Djatlow-Gruppe ist auch vor dem „roten Feuer“ weggerannt, das von den Bergen her schnell auf ihr Zelt zukam. Neben der Zeder machten sie ein Feuer, weil es sehr kalt war und die meisten von ihnen keine Schuhe oder warme Kleidung trugen. Sie diskutierten, was zu tun sei. Einige von ihnen machten eine Höhle im tiefen Eis und Schnee nahe des Flusses, aber der schwere Schnee brach zusammen und verursachte bei einigen von ihnen schwere Verletzungen.

Der Purpurnebel hatte schwere Auswirkungen auf ihr Nervensystem und die Reisenden waren nicht gut ausgerüstet und starben an Unterkühlung.

17. Thermobarische Waffen (Vakuumbombe/Aerosolbombe)

Eine thermobarische Waffe (Vakuumbombe/ Aerosolbombe) ist eine Art Sprengkörper, der Sauerstoff aus der umliegenden Luft dazu nutzt, eine starke, heiße Explosion zu erzeugen. Die Vakuumbombe ist eine der bekanntesten thermobarischen Waffen.

Die Explosion am Djatlow-Pass könnte eine thermobarische Bombe gewesen sein oder der heiße Treibstoff einer fehlgeschlagenen Rakete könnte sich entzündet haben. Die Mansen behaupten, dass es keine Atemluft gab, weil eine Rakete in der Luft verbrannt ist und die Reisenden erstickt sind.

Im Falle einer thermobarischen Bombe hätten wir das gruselige Ding, das sie aus dem Zelt gescheucht hat, eine Explosion, die die schweren inneren Verletzungen einiger der Skiwanderer verursachte und den Erstickungseffekt, der sie alle so irrational handeln ließ. Solch eine Explosion hinterlässt keinen Krater, lediglich einige metallische Fragmente im Schnee, aber nach einem Monat konnten sie vom Rettungstrupp weder gesehen noch gefunden werden, weil sie heiß waren, den Schnee schmolzen und tiefer sanken und natürlich wegen des Neuschnees.

Die tiefbraune (orange) Hautfarbe zeigt das Vorhandensein von inneren Verletzungen und Blutungen, die von einer Vakuumbombe verursacht wurden, die einen Moment lang ein starkes Vakuum in der Atmosphäre eines großen Bereiches erzeugt. An der Außenseite des menschlichen Körpers platzen aufgrund des inneren Drucks die Blutgefäße und die inneren Organe platzen oft ebenfalls.

18. Halluzinationen

Die Reisenden gruppe beobachtete etwas sehr Gruseliges, was nicht existierte. Diese eingebildete Gefahr verfolgte sie bis zu ihrem Lebensende, was in diesem Fall nur einige Stunden waren. Aber was verursachte diese Halluzinationen: Aliens aus einem UFO, einige örtliche ruhelose Seelen oder Geister, die furchterregende Zolotaya Baba (Goldene Frau), die in der Gegend umhergeht, vergiftete Lebensmittel, Alkohol oder Drogen, ein bösartiger Schamane, dem sie begegneten, die mysteriöse Arische Rasse, die ihr genetisches Erbe beschützte und das Land der Ahnen, ein neuer Raketentreibstoff? Die Halluzinationen ließen die Reisenden gegeneinander kämpfen und verursachten die schweren stumpfen Verletzungen.

19. Kampf innerhalb der Gruppe

Als die ersten vier Leichen gefunden wurden, war eine der ersten Theorien, die der Staatsanwalt aufstellte sowie die Vermutung der Männer des Suchtrupps, dass es einen Streit innerhalb der Gruppe gegeben hatte. Warum sie gekämpft hatten, war nicht klar. Vielleicht ums eins der Mädchen oder um den Platz des Anführers etc.

Spuren dieses Konflikts wurden in den Tagebüchern der Mädchen, Dubinina und Kolmogorova, gefunden. Alexander Zolotaryov war der neue Mann in der Gruppe. Die Anwesenheit eines Neuankömmlings führt oft zu Konflikten, wenn die Gruppe sich in einer schwierigen Lage befindet. Leute, die Igor Djatlow kannten, sagten, dass er neben seinen positiven Eigenschaften ein ziemlich harter und autoritärer Anführer war. Vielleicht war seine unantastbare Autorität von jemandem infrage gestellt worden.

Die Stimmung in der Gruppe zeigte sich recht gut in der humorvollen „Otorten-Abendblatt"-Plakatzeitschrift und den Fotos, die am 1. Februar geschossen wurden. Eine „Plakatzeitschrift" (Wandzeitschrift) ist eine handgeschriebene oder gedruckte Zeitschrift, gewöhnlich bebildert, die dazu angefertigt wird, an öffentlichen Orten, wie Wänden ausgestellt und gelesen zu werden. Diese Praktik datiert bis mindestens ins Römische Reich zurück.

Die spöttische Zeitschrift ist der letzte geschriebene Text der Djatlow-Gruppe. Am Abend des 1. Februar hatten sie keine Zeit für irgendwelche Tagebucheintragungen.

Hier ist der Text des „Otorten-Abendblatts“:

„Otorten-Abendblatt Nr 1./1. Februar 1959.

Veröffentlicht von der Gewerkschaftsgruppe „Hibin"

Leitartikel: Lasst uns die 21. Sitzung (der kommunistischen Partei) mit einer erhöhten Geburtenrate von Wanderern markieren.

Wissenschaft: kürzlich hatte die Wissenschaftsgemeinde eine lebhafte Debatte über die Existenz von Bigfoot (Yeti). Gemäß neusten Informationen haust Bigfoot im nördlichen Uralgebirge um den Berg Otorten.

PhilosopieSeminar: „Liebe und Tourismus" findet täglich im Zelt statt (Hauptsitz). Vorlesungen werden gehalten von Dr. Thibault und der Kandidatin für Liebeswissenschaften Dubinina.

Wissenschaftsneuigkeiten: Wanderschlitten. Eignet sich für Zugfahrten, Autofahrten oder Ausritte. Wird nicht empfohlen für den Frachttransport auf Schnee. Für Beratungen kontaktieren Sie den Chefkonstrukteur, Kamerad Kolevatov.

ArmenischesRätsel: Ist es möglich, mit einem Ofen und einer Decke neun Reisende zu wärmen?

Sport: Das Team, bestehend aus den Radiotechnikern Kameraden Doroshenko und Kolmogorova, erreichte einen neuen Weltrekord im Wettbewerb für den Zusammenbau eines Ofens – 1 Stunde, 2 Minuten und 27,4 Sekunden."

Die neun Wanderer waren bester Laune. Sie dachten an Liebe, Sport und Wissenschaft. Es gab keine Anzeichen für irgendeinen Konflikt. Sie machten sich über beinahe alles lustig.

20. Überschallknall

Ein Überschallknall ist das Geräusch, das mit der Schockwelle in Verbindung steht, die durch ein Objekt verursacht wird, das schneller als mit Schallgeschwindigkeit durch die Luft reist. Überschallknalle generieren riesige Mengen an Schallenergie, sie hören sich fast wie Explosionen an.

Militärflugzeuge flogen regelmäßig über den nördlichen Ural. Der Überschallknall eines Flugzeugs veranlasste die Wanderer, ihr Zelt so schnell wie möglich zu verlassen und sie zerschnitten die Zeltwände, weil sie dachten, dass es sich um Schüsse handelte. Einige Forscher vermuteten, dass die Reisenden befürchteten, dass die starken Explosionen eine Lawine auslösen könnten.

Unter der Zeder machten sie ein Feuer und diskutierten, was sie als Nächstes tun sollten. Dann flog ein weiteres Flugzeug sehr niedrig über die Stelle, wo sie das Feuer gemacht hatten und der mächtige Überschallknall verletzte sie wie eine Luftdetonation. Die Überlebenden waren verwirrt und hilflos und nach ein oder zwei Stunden starben sie an Unterkühlung.

Die verbrannten Zweige bestätigen eine solche Möglichkeit.

21. Satelliten und Natriumwolken

„Die Feuerbälle am Himmel von Ivdel und die Raketenausläufer waren die irdischen UFOs von Korolev“, schrieb Dr. A. V. Bobolev, ein Ingenieur, der Gagarin und andere Kosmonauten kannte und auch die Crew, die sich mit Raketentechnik auskannte.

Sergei Korolev war der führende sowjetische Raketentechniker und Raumfahrzeugkonstrukteur beim Wettlauf ins All zwischen den Vereinigten Staaten von Amerika und der Sowjetunion in den 1950er und 1960er Jahren. Er wird von vielen als der Vater der angewandten Raumfahrt betrachtet. Oft wurde er nur als „Chef Designer" bezeichnet. Erst viele Jahre nach seinem Tod wurde er öffentlich als der führende Kopf hinter dem Erfolg der russischen Raumfahrt anerkannt.

Die Überreste von einer der ersten Raketen von Korolev kamen in Alaska nieder und Amerika erhielt einiges Wissen über die geheime sowjetische Raketentechnologie und Treibstoffe. Die Sowjets mussten die Bahnabweichungen der Rakete ändern, damit sie auf dem eigenen Gebiet abstürzten.

Bobolev schrieb auch „*Dann gab es eine verschärfte Geheimhaltung. Das Aufsammeln von Überresten der Raketen und Satelliten wurde Spezialeinheiten übertragen; sie sammelten sie mit Hilfe von Hubschraubern ein. Das Material der Raketen und Satelliten selbst wurde zum Niederbrennen programmiert, so konnten sie keine ernsthaften Probleme verursachen. Die Spezialeinheit wendete eine Menge Geld und Alkohol auf, um die Ortsansässigen zu ermutigen, die Überreste zurückzugeben, die sie gefunden hatten. Wenn sie niedergingen, zogen die Überreste einen Feuerschweif hinter sich her.*"

Um die herabfallenden Überreste besser auffinden zu können, fügten die Raketenbauer dem Treibstoff Natrium hinzu, weil dieses intensiv brannte und auch aus weiter Entfernung gesehen werden konnte. Das Natrium ist das aktivste aller existierenden Metalle, da es mit nahezu allen Substanzen reagiert, die ihm in den Weg kommen. Beim Umgang mit elementarem Natrium ist Vorsicht geboten, da es beim Kontakt mit Wasser (Schnee) entflammbaren Wasserstoff bildet; Natriumpulver könnte bei Anwesenheit von Sauerstoff spontan explodieren.

Die orangen Feuerbälle im Himmel über dem nördlichen Ural waren Raketen mit Natrium im Treibstoff.

Die Reisenden mussten ihr Zelt aufgeben wegen dem möglichen Einschlag einer Rakete, eines Satelliten oder den Überresten eines Raumfahrzeugs. Die Rakete explodierte über ihren Köpfen nahe des Waldes und verletzte sie. Die Wanderer wurden vom Raketentreibstoff und dem Natrium vergiftet. Sie benahmen sich wie Blinde, weil es dunkel war und auch weil das Natrium verdampfte und der Treibstoff in ihren Augen brannte.

22. Explosion eines Alien-Raumschiffs

Ein Alien-Raumschiff, das die Erde besuchte, explodierte und tötete die Wanderer und kontaminierte die Unfallstelle mit radioaktivem Material. Es gab keine Überreste des interstellaren Raumschiffs weil sie von einem anderen Schiff schnell eingesammelt wurden, damit menschliche Ingenieure es nicht nachbauen konnten.

23. Begegnung mit Aliens

Nicht alle Kontakte mit Außerirdischen verlaufen friedlich.

Viele Menschen wurden nach einer Nahbegegnung mit Außerirdischen krank. Sie litten an Schwindelgefühlen, Hautinfektionen, veränderter Hautfarbe, geschwollenen Gelenken, Übelkeit etc. und waren außerdem für einige Zeit außer Gefecht gesetzt. Posttraumatische Belastungsstörung (PTBS) kann sich entwickeln, nachdem eine Person einem oder mehreren traumatischen Ereignissen ausgesetzt war (wie sexuelle Übergriffe, einer Begegnung mit Aliens, Kampf im Krieg, dem Erleiden einer schweren Verletzung oder einer Todesdrohung) bei der sie intensive Angst, Horror oder Ohnmacht erfahren.

Aliens landeten am Djatlow-Pass und führten wahrscheinlich verschiedene wissenschaftliche Experimente mit den Skiwanderern durch, was möglicherweise zu ihrem Tod führte.

24. Drogenmissbrauch

Die Tragödie ereignete sich wegen des Gebrauchs von Drogen, wahrscheinlich LSD. Die unangemessenen Handlungen der Reisenden können anhand der Tatsache erklärt werden, dass die Gruppe (oder ein Teil der Gruppe) Drogen verwendete.

Einige Drogenabhängige sind Experimentatoren. Für sie sind die Drogen eine wissenschaftliche Methode zur Bewusstseinserweiterung. Die Drogen werden auf die gleiche Art und Weise eingesetzt wie Yoga, Tai Chi und andere östliche Traditionen. Sie sind ein Teil der Kultur „Jenseits unserer Realität".

Nach dem Drogengebrauch geriet die Situation außer Kontrolle und die Skiwanderer wurden zu Berserkern: sie schnitten mitten im Winter ihr Zelt auf, kämpften, rannten halb nackt durch die Nacht in den Schnee, kletterten auf Bäume etc. Das unpassende Verhalten führte möglicherweise zu ihrem Tod, hauptsächlich aufgrund der Unterkühlung und der stumpfen Verletzungen.

25. Unterkühlung mit „widersinniger Entkleidung"

Ungefähr 20 bis 50 Prozent der Hyperthermietoten stehen mit dem paradoxen Phänomen des Entkleidens in Zusammenhang, das typischerweise bei mittleren bis schweren Unterkühlungen entsteht, weil die Person desorientiert, verwirrt und streitlustig wird (erinnern Sie sich an die schweren Verletzungen an den Leichen einiger der Wanderer und die zerschnittene und zerfledderte Kleidung).

Die Menschen können beginnen, ihre Kleidung abzulegen, was im Gegenzug den Hitzeverlust erhöht, die Desorientierung und Verwirrung und dadurch ihren Tod beschleunigt.

Den Rettern wird beigebracht, dies zu erwarten. Jedoch könnten einige fälschlicherweise vermuten, dass die Opfer der Unterkühlung einem sexuellen Übergriff oder anderen kriminellen Handlungen ausgesetzt waren.

In jener Nacht hatten die Reisenden entschieden, einen sogenannten „Kälteschlaf" zu halten, also kein Feuer im Ofen anzuzünden. Die Retter fanden den Ofen im Zelt, nicht zusammengebaut. Die Skiwanderer praktizieren einen solchen „Kälteschlaf" manchmal, um abgehärteter, stärker und gesünder zu werden.

26. Neutronenbomben-Experiment

Verglichen mit einer reinen Atombombe mit einer identischen Sprengkraft, würde eine Neutronenbombe zehnmal so viel Neutronenstrahlung aussenden.

Die Gesamt-Strahlungsimpulsenergie einer gewöhnlichen Atombombe, die sowohl aus Gammastrahlen als auch Neutronen besteht, beträgt ca. 5% der insgesamt freigesetzten Energie. Die der Neutronenbombe liegt eher bei 40%

Eine solche Bombe explodierte in der Nähe der Djatlow-Gruppe. Nur einige der Wanderer wurden schwer verwundet durch die Schockwelle, die bewusst schwach war. Die Strahlung war minimal, denn 1959 war dies einer der ersten Tests dieser neuen Art von Nuklearwaffe.

27. Tödliche Stille

Dies ist eine der exotischsten Theorien, die ich über den Vorfall am Djatlow-Pass gefunden habe.

Alle Menschen, die im nördlichen Uralgebirge wohnen, inklusive den Jägern und den Mansen, bemerken im Winter die besondere klingelnde Stille, die sich während der Abwesenheit des Windes an diesen Orten ansammelt.

Den Geschichten der Mansen zufolge wurden einige der Jäger, als sie sich in der Nähe des Berg Otorten aufhielten, verrückt aufgrund der Abwesenheit jeglichen Tons in der Taiga - es gibt dort nicht einmal den Schrei einer Krähe.

28. Schwere Kohlenmonoxidvergiftung

Mehrere Forscher schlugen die Theorie vor, nach der die Reisenden mit Kohlenmonoxidvergiftung zu kämpfen hatten, weil ihr zusammenklappbarer Ofen nicht richtig belüftet war. Kohlenmonoxid ist ein geruchs- und farbloses Gas, das plötzliche Krankheit und Tod verursachen kann. Es kann sich in geschlossenen oder halbgeschlossenen Räumen bilden. Menschen und Tiere innerhalb dieser Räume können durch das Einatmen vergiftet werden. Die am häufigsten auftretenden Symptome von Kohlenmonoxidvergiftung sind Kopfschmerzen, Schwindelgefühle, Schwäche, Übelkeit, Erbrechen, Schmerzen in der Brust und Verwirrung. Es kann zu Bewusstlosigkeit und Tod führen.

Das Problem mit dieser netten Theorie ist, dass in jener Nacht die Skiwanderer ihren Ofen überhaupt nicht zusammengebaut hatten. Also gab es weder ein Feuer noch Kohlenmonoxid.

29. Schamanische Rituale

Die Legende besagt, dass in uralten Zeiten Schamanen auf dem Berg Kholat Syahkl Tiere und sogar Menschen opferten, um die Göttin des Todes zu ehren. Und jedes Mal töteten sie neun lebende Kreaturen (Vögel, Tiere oder Menschen). Das letzte Opfer waren neun Mansenjäger.

Anscheinend begegneten die jungen Reisenden irgendwie der Göttin des Todes. Es ist besser, wenn man nicht in einer Gruppe von neun Personen auf den Kholat Syakhl Berg geht, wenn man nicht Teil des nächsten Menschenopfers werden will. Früher oder später werden neun Menschenleben geopfert! Geh nicht dorthin! Die Göttin des Todes und ihre getreuen Schamanen warten dort auf neues, frisches Fleisch und Blut!

30. Yeti

Die Skiwanderer waren nicht alleine auf dem Berg. Sie begegneten einem Yeti.

Der Bigfoot oder Yeti (Relikt einer Hominiden-Art), der in der Nähe des Zeltes auftauchte – das würde die panische Flucht der Reisenden und die Herkunft der Verwundungen erklären. Die schweren Verletzungen der Gruppenmitglieder (inklusive gebrochener Rippen und eines Schädelbruchs) könnten nur von einer nicht menschlichen starken Kreatur hervorgerufen worden sein. Die fehlende Zunge und Augen führen uns zu etwas definitiv Unmenschlichem.

Oder mutierte ein Kind eines lokalen primitiven Stammes infolge Radioaktivität zu einem echten Monster?

Es wurden auch Fußabdrücke gefunden, die die Retter nicht zuordnen konnten.

31. Zolotaryov's Feinde

Zolotaryov arbeitete für den Sowjetischen Geheimdienst und eine Gruppe von Opfern seiner Tätigkeiten folgte ihm, um ihn zu töten und ihm etwas abzunehmen. Als die Retter seine Leiche fanden, lag sein Gürtel mit den vielen Taschen neben Zolotaryovs Leichname, aber die Taschen waren leer. Der Rest der Gruppe war ebenfalls zum Schweigen gebracht worden.

32. Luftbetankungs-Flugzeuge

Ein Luftbetankungs-Flugzeug musste einen Teil seines Treibstoffes ablassen. Sogar moderne Flugzeuge tun dies ziemlich oft. „Fuel Dumping“ (oder Treibstoff ablassen) ist ein Verfahren, dass von Flugzeugen in bestimmten Notsituationen angewandt wird, bevor es kurz nach der Landung zum Flughafen zurückkehrt oder bevor es kurz vor seinem ursprünglichen Ziel landet (Notlandung), um entweder das Gewicht des Flugzeugs zu reduzieren oder das Risiko, Feuer zu fangen. Als ich von München nach Toronto flog, ließ unser Flugzeug eine Menge Treibstoff über der verschneiten kanadischen Wildnis ab, um ein sicheres Landegewicht zu erreichen.

Im Jahr 1959 war der Treibstoff, der in der Luft transportiert wurde, Methanol, Kerosin, Heptyl etc. Die Skiwanderer mussten aus ihrem Zelt flüchten, als sie den Treibstoff vom Himmel fallen sahen, wurden aber schließlich vergiftet. Eine Version dieser Theorie besagt, dass der Treibstoff sich in eine thermobarische Bombe verwandelte und explodierte, gezündet von den Triebwerken des Flugzeugs.

33. Spionagespielchen und überwachte Lieferungen

Über die Jahre hinweg haben sich die Verschwörungstheorien vervielfacht. Alexei Rakitin schlägt in seinem Buch „Death in the Footsteps“ die Theorie der überwachten Lieferungen vor.

Der Autor behauptet, dass zwei oder drei der Skiwanderer KGB Offiziere auf einer Mission waren: Zolotyryov, Kolevatov und möglicherweise Krivonishchenko. Eine von ihnen kam in Kontakt mit einem fremden Geheimdienst und war einverstanden, mit ihm zu kooperieren, in der Annahme, er würde einen Doppelagenten spielen. Er hatte Proben von radioaktivem Material zu liefern von der geheimen Fabrik, in der er arbeitete. Die „überwachte Lieferung“ war radioaktiver Staub. Aber etwas ging schief und der Offizier des feindlichen Geheimdienstes tötete alle Wanderer.

34. Mit entflohenen Häftlingen verwechselt

Die Wanderer könnten getötet worden sein, weil man sie versehentlich für entflohene Häftlinge aus dem Ivdelag Arbeitslager gehalten hatte.

35. Von Häftlingen getötet

Die Ermittler arbeiteten auch mit dieser Hypothese, aber sie wurde rasch fallen gelassen, weil die Retter keine Fußspuren von jemandem außerhalb der Gruppe finden konnten. Es gab keine Anzeichen für einen Kampf und Geld und Alkohol waren unangetastet.

36. Von einem Tier angegriffen

Ein Bär oder ein Rudel Wölfe erschreckte sie und sie zerschnitten ihr Zelt und rannten in die entgegengesetzte Richtung. Die Tiere griffen einige der Studenten an und verließen die Stätte. Jedoch blieb das Fleisch im Zelt zurück, das macht den Angriff eines Tieres unwahrscheinlich.

Eine Version dieser Theorie besagt, dass ein Bär von einem örtlichen Schamanen ausgesendet worden war, um Rache an den Reisenden zu nehmen, dafür, dass sie in einem verbotenen Gebiet eingedrungen waren und ihr Lager aufgeschlagen hatten.

37. Alkoholvergiftung

Diese Theorie sagt aus, dass die Reisenden durch Methylalkohol oder Samogon vergiftet wurden. *(Samogon ist ein illegal hergestellter, selbst gebrannter russischer Schnaps, ein destilliertes Gärprodukt aus Wasser, Milch und Hefe und weiteren unterschiedlich zitierten Zutaten, Anm. d. Ü.)*

38. Toxischer Schnee

Die Skiwanderer schmolzen kontaminierten Schnee zur Verwendung als Trinkwasser. Sie erlitten Orientierungslosigkeit und Halluzinationen und benahmen sich völlig irrational; sie begannen zu kämpfen und starben schließlich alle.

39. Geheimwaffe

1959 war die Hoch-Zeit des Kalten Krieges, als beide Seiten nach der ultimativen Waffe suchten, um die anderen auszulöschen. Die Wanderer wurden Opfer des Tests einer ultimativen Geheimwaffe. Die sowjetische Regierung hat nie die wahre Natur dieses bizarren Unfalls gelüftet. Und die russischen Behörden werden niemals die ultimative Geheimwaffe enthüllen.

40. Wir werden es wohl nie erfahren

Wie viele Forscher bereits geschlossen haben, werden wir wahrscheinlich nie sicher erfahren, was tatsächlich auf diesem entfernten Gipfel geschehen ist.

Eine neue Untersuchung darüber, was wirklich geschah

Ich stolperte rein zufällig über die Sache mit dem Djatlow-Pass als ich die Vorschau zum Film *„Devil's Pass“ (Originaltitel: „The Djatlow-Pass Incident“)* von 2013 anschaute. Diese Vorschau interessierte mich nicht so sehr, dass ich den Film selbst ansehen wollte, aber ich war fasziniert von dem Djatlow-Pass Fall und durchforstete sofort das Internet, um zu sehen, was ich darüber finden konnte. Die Fakten dieser Geschichte waren so verwirrend und widersprüchlich, dass ich mir ganz zu Anfang kein Bild davon machen konnte, was wirklich geschehen war. Die Verschwörungstheorien sorgten zusätzlich für eine Menge Wirbel um das verworrene Bild, was wirklich schrecklich aussah.

Dann fand ich die forensischen medizinischen Akten der toten Reisenden auf Russisch, und als ich über die schweren stumpfen Verletzungen zu lesen begann, über die gebrochenen Rippen und die Schädelfrakturen, das fehlende Auge und die fehlende Zunge, die besonderen Verbrennungen, da war mir sofort klar: Das war Luftelektrizität!

Sie hatten einen mächtigen elektrischen Schlag erhalten oder waren vom Blitz getroffen worden.

Während ich an meinen Büchern *„Province Five“* und kürzlich an *„Dinosaurier Killer“* arbeitete (das Letztere handelt vom Aussterben während der Kreidezeit/Paläozen und besonders vom elektrischen Phänomen der Kometen und des Tunguskameteorits), habe ich jahrelang die Mechanismen und Konsequenzen von Blitzschlägen und Elektroschocks untersucht sowie die Probleme der Überlebenden. Daher konnte ich, nachdem ich die forensische Untersuchung der Opfer gelesen hatte, leicht feststellen, dass die Djatlow-Gruppe von einem Blitzschlag getroffen wurde. Gottseidank hatte ich Russisch als Fremdsprache gelernt, ich kann es ziemlich gut lesen und so konnte ich die forensischen Unterlagen im Original lesen.

Hier ist der Link zu den forensischen und kriminalistischen Untersuchungsprotokollen über den Djatlow-Pass Vorfall:

https://sites.google.com/site/hibinaud/home

Als die Retter die ersten fünf Leichen fanden, dachten das Militär und die Polizei (Miliz) und der Staatsanwalt, dass sie einen Verbrechensschauplatz betreten hätten und begannen mit den kriminalistischen Untersuchungen. Die Zelte der Rettungstrupps wurden von bewaffneten Männern bewacht. Die Offiziere, die an dem Rettungstrupp beteiligt waren, trugen Waffen.

In seinem Artikel „*Die schockierende Wahrheit über Tod durch Blitzschlag*" schrieb Sgt. Tony Monheim, dass die erste Todesszenerie, die entweder ein uniformierter Beamter oder sogar ein abgehärteter Ermittler für Mordfälle erblickt, sehr verwirrend oder sogar irgendwie „schockierend" sein kann. Für das ungeübte Auge können die Szene und der Körper eher einem Mord als einem Unfalltod ähneln. Menschen, die nicht mit Blitzschlagtoten vertraut sind, sind oft völlig fassungslos beim Anblick des Tatorts und können ihn vielleicht nicht als das deuten, was er ist.

Monheim schrieb: „*Diese gewaltige Kraft kann tatsächlich Opfer eines Blitzschlags bis zu mehreren Metern in die Höhe katapultieren. Sie könnten auf ihren Köpfen landen, was ein massives Trauma verursacht, das demjenigen ähnelt oder gleich, das von stumpfer Gewalt herrührt. Die Trommelfelle der Opfer können platzen. Blut läuft aus den Ohren und der Nase und erweckt den Anschein, dass sie brutale Schläge erlitten hätten.*"

Das Blut rannte aus der Nase einiger der Wanderer; drei von ihnen hatten schwere stumpfe Verletzungen, die den Eindruck brutaler Schläge erweckten. Einige hatten Verbrennungen and ihren Händen und Beinen.

Temporärer oder dauerhafter Hörverlust (manchmal komplett) ist ebenfalls Teil des Bildes. Nachdem der Blitz eingeschlagen hat, sind viele Opfer beinahe taub und extrem verwirrt.

Monheim sagte, dass die Opfer von Blitzschlägen oft nur mit ihrer Unterwäsche bekleidet gefunden werden und daher oft vermutet wird, dass sie Opfer eines sexuellen Übergriffes waren, besonders wenn es sich um Frauen handelt. Ihre Kleidung und Schuhe explodieren manchmal tatsächlich und werden in einiger Entfernung zerfetzt gefunden.

Das kommt daher, dass sich die Luftschicht, die sich zwischen der Kleidung und dem Körper befindet, durch den Blitz und die Beschleunigung des Körpers im Bruchteil einer Sekunde zu sehr hohen Temperaturen erhitzen kann.

Die sich rasch ausdehnende heiße Luft und die irrsinnige Beschleunigung können die Kleidung und Schuhe zerreißen oder sogar zerfetzen. Die Kleidung von einigen der Wanderer der Djatlow-Gruppe sah aus, als wäre sie zerschnitten, zerfetzt oder auseinandergerissen worden.

Einige Forscher vermuten, dass die Kleidungsstücke nach dem Tod mithilfe eines Messers entfernt worden waren.

Die intensive Hitze, die von einem Blitzschlag erzeugt wird, kann das Gewebe verbrennen und die Lunge zerstören, der Brustkorb kann zerstört werden durch die mechanische Kraft der sich rapide ausdehnenden heißen Luft.

Wenn der Blitz metallisches Material trifft, so wie Gürtelschnallen, metallische Schreibgeräte, Schmuck, Münzen, Schlüssel, Reißverschlüsse, Nieten an Jeans, Armbanduhren etc. könnten diese glühend heiß werden und das Fleisch der Opfer verbrennen.

Blitzschlagverletzungen sind das Ergebnis eines direkten elektrischen Schlages, intensiver Hitze und der mechanischen Energie, die diese erzeugen.

Die verbrannten Zweige einiger der Bäume in der Nähe der Zeder könnten vom Blitzeinschlag stammen. Blitze folgen normalerweise nicht dem üblichen Muster einer Explosion, die ein Epizentrum hat. Die sowjetischen Verbrechensermittler waren verwirrt durch das Muster der verbrannten Äste, weil sie erwartet hatten, ein Epizentrum zu finden, wie bei jeder anderen normalen Explosion.

Die überlieferte Sterblichkeitsrate liegt zwischen 10 und 30 Prozent. Die meisten Menschen, die von einem Blitz getroffen werden, überleben, aber viele leiden an lang andauernden Verletzungen oder Behinderungen. Wäre die Djatlow-Gruppe in einer Stadt vom Blitz getroffen worden und hätte eine gute medizinische Behandlung erhalten, hätten die meisten von ihnen überlebt.

Die Retter fanden die Taschenlampe der Reisenden neben dem Zelt. Als sie eingeschaltet wurde, funktionierte sie einwandfrei. Viele Forscher fragten sich: Wenn die Lampe funktionierte, warum warfen die Wanderer sie dann weg, wenn man berücksichtigt, dass es eine dunkle, kalte Nacht war und sie dringend eine Lichtquelle gebraucht hatten?

In jener Nacht konnte man den Mond nicht sehen. Jetzt kennen wir die Antwort. Die Lampe war aus Metall, nicht wie die modernen aus Plastik und die Wanderer wussten, dass Metall Blitze „anzieht", was zwar ein Mythos ist, aber viele Menschen glauben immer noch daran. Natürlich erhöht ein metallisches Objekt in der Hand die Wahrscheinlichkeit, vom Blitz getroffen zu werden. Andererseits, wenn einer vom Blitz getroffen wird, hätte die metallene Taschenlampe (denken Sie an die Batterien!) in der Hand sich buchstäblich in eine Granate verwandeln können, die die Hand schwer verletzt oder sogar zum Verlust der Hand geführt hätte.

Die Retter fanden eine zweite Taschenlampe auf dem Weg der Opfer bergab.

Das „*British Medical Journal*" warnte vor den Gefahren der Nutzung eines Mobiltelefons während eines Gewitters. Die Ärzte sagen, ein solches Gerät neben dem Kopf zu haben, wenn man vom Blitz getroffen wird, kann schwere Verletzungen verursachen. Und um die Sache noch schlimmer zu machen, die explosiven Batterien könnten sehr gefährlich sein, wenn sie vom Blitz getroffen werden.

Die Haut des Körpers, die Hände, die Beine etc. können schwarz werden, wenn ein Opfer vom Blitz getroffen wird. Doroshenkos Hände waren schwarz bis zum Ellbogen. Die Ermittler vermuteten, dass die Hände so stark erfroren waren, dass die jegliches Gefühl darin verloren hatte und sie sich im Feuer verbrannte. Denn das Feuer war nicht groß genug, um die Skiwanderer warm zu halten, daher verbrannten sie sich die Hände und Füße bei dem Versuch, näher ans Feuer zu gelangen.

Ihre Freunde sahen zu, wie ihre Kameraden sich ihre Hände und Füße verbrannten, und taten nichts, um sie daran zu hindern? Das ist schwer zu glauben. Falls sie alle schwer verwirrt waren, weil sie vom Blitz getroffen worden waren, ist das wahrscheinlicher. Andererseits könnten ihre Hände und Füße auch vom Blitzschlag selbst schwarz geworden sein. Ein Blitzschlag kann die Haut schwärzen wie wenn sie verschmort wäre.

Bei der Untersuchung der verkohlten Zweige bei der Feuerstelle stellten die Retter fest, dass das Feuer nicht länger als eineinhalb oder maximal zwei Stunden gebrannt hatte. Es gab mehr als genug Feuerholz in der Nähe. Innerhalb von zwei Stunden waren alle tot.

Blitzschläge erzeugen oft Eintritts- und Austrittslöcher, wo die elektrische Ladung durch den Körper des Opfers hindurchgefahren ist. Die Eintrittspunkte finden sich meist am Kopf, im Nacken oder an den Schultern. Austrittspunkte erscheinen meistens an den Fersen und Gesäßbacken. Diese Eintritts- und Austrittswunden sind im Allgemeinen klein.

Die „Lichtenberg-Figuren“ (farnähnliche Wunden auf der Haut, die innerhalb von Minuten nach dem Unfall erscheinen), sind charakteristisch für Hochspannungsentladungen und Blitzschlagtote.

Sie sind ein hilfreicher Hinweis für die Leichenbeschauer, wenn sie versuchen, die Todesursache festzustellen. Typischerweise verblassen sie innerhalb von 24-36 Stunden, was die sowjetischen Leichenbeschauer hinsichtlich des wahren Grundes der Verletzungen verwirrte.

Sogar die sachkundigsten Menschen könnten vielleicht die vom Blitzschlag herrührenden Verwundungen nicht erkennen.

Yuri Doroshenko und Georgy Krivonishchenko waren halb nackt. Sie hatten schwere Verbrennungen. Ihre verbliebene Kleidung war teilweise verkohlt. Krivonishchenkos Hände waren ebenfalls verbrannt.

Ein Bein von Krivonishchenkos langen Unterhosen war zerrissen, die untere Hälfte der verbliebenen Hose war verbrannt. Die Reste der Socken waren ebenfalls verbrannt.

Seine Knie waren auf einer Fläche von 31 x 10 cm verbrannt. Er hatte ebenfalls Verbrennungen an den Füßen.

Krivonishchenko starb an Unterkühlung. Der wahrscheinliche Todeszeitpunkt lag zwischen sechs und acht Stunden nach der letzten Mahlzeit.

Doroshenko und Krivonishchenko waren in der zweiten Gruppe der Toten. Sie lagen Seite an Seite, bedeckt mit einer Decke. Ihre Körper waren bewegt worden von den beiden letzten Überlebenden, Djatlow und Slobodin.

Doroshenkos Socken waren 2 x 5 cm an den Fersen verbrannt. Auf der Spitze seines Kopfes hatte er zwei Brandflecken. Auch vom Feuer? Er hatte Blut an seiner Nase, ein Hinweis auf Nasenbluten.

Er starb an Unterkühlung. Der wahrscheinliche Todeszeitpunkt lag zwischen sechs und acht Stunden nach der letzten Mahlzeit. Graue, schaumige Flüssigkeit in seinem Mund könnten Spuren von Erbrochenem sein (wahrscheinlich auf ein leichtes Hirntrauma zurückzuführen). Es war Blut und Erbrochenes in seinen Lungen.

Yuri Doroshenko war zunächst fälschlich als Semyon (Alexander) Zolotaryov identifiziert worden, der aber viel älter war und einen Bart hatte. Die Gesichter der Opfer waren stark verzerrt wegen der Angst vor dem Blitzeinschlag, dem Tod ihrer Freunde und der langen Zeit, die sie den Elementen ausgesetzt gewesen waren.

Laut Blitzschlagopfern gibt es einen lauten Donnerschlag und das nächste, an was man sich erinnert, ist, dass man auf dem Boden liegt und sich nicht bewegen kann und nicht weiß, was geschehen ist.

Die elektrische Ladung, die durch den Körper fließt, kann das Herz stehen lassen und Verbrennungen hinterlassen.

Blitzschläge können fast alles bewirken, vom buchstäblichen Explodieren der Augen und des Gehirns bis hin zu etwas Ähnlichem wie einem Sonnenbrand.

Die Särge bei der Trauerfeier waren offen und die Menschen wunderten sich, warum ihre Gesichter so dunkel und gealtert aussahen. Igor Djatlows Schwester behauptete, dass er sehr alt aussah und sein Haar weiß war und es schwierig war, ihn zu erkennen. Der Blitzschlag verursachte die seltsame dunkle Gesichtsfarbe auf der Haut der Wanderer. Dies könnte durch den mächtigen Lichtimpuls des Blitzes verursacht worden sein plus den niedrigen Temperaturen in den Bergen.

Die Socken und der Ärmel von Kolevatovs Jacke, waren ebenfalls verbrannt. Er hatte kleine Wunden auf dem Kopf, möglicherweise die Eintrittswunden des Blitzes. Gemäß der Untersuchung der Leichenbeschauer starb er an Unterkühlung, aber er wurde in der Gruppe der am schwersten Verwundeten (möglicherweise tödlich Verwundeten) gelassen, möglicherweise starb er innerhalb von zehn Minuten nach dem Blitzschlag. Die ersten vier Toten (Dubinina, Thibault-Brignoles, Zolotaryov und Kolevatov) wurden in einer improvisierten Leichenhalle neben dem Fluss gefunden. Sie waren nicht in einem Unterschlupf, sondern in einer Leichenhalle.

Neben ihnen wurde zerfetzte oder zerschnittene Kleidung gefunden, die auf einen Blitzschlag hinweisen.

Lev Ivanov schrieb „*Es gab eine Sensation, als eine Autopsie an den Körpern in der Leichenhalle von Swerdlowsk vorgenommen wurde. Dubinina, Thibault-Brignoles und Zolotaryov hatten schwerwiegende innere Verletzungen, die völlig unvereinbar waren mit einem Überleben.*"

Um das Feuer herum unter der Zeder lagen verstreut ein Damentaschentuch, das an mehreren Stellen verbrannt war, verschiedene Woll- und Baumwollsocken, halbverbrannte Socken, eine halb verbrannte Sturmhaube und einige Fetzen wollener Kleidung. Beachten Sie, dass die Eintritts- und Austrittslöcher am häufigsten auf den Köpfen und an den Füßen der Opfer vorkommen. Die kleinen Kleidungsfetzen um das Feuer herum weisen darauf hin, dass der Blitz die Reisenden wahrscheinlich getroffen hatte, als sie um das Feuer herum saßen. Nur Thibault-Brignoles trug Schuhe. Wenn eine Person keine Schuhe trägt, ist die Wahrscheinlichkeit, vom Blitz getroffen zu werden, höher, weil es keine elektrische Isolation gibt, die von den Schuhen stammt. Leider konnten die Schuhe Thibault-Brignoles nicht retten.

Massive Blitzschläge beschränken sich nicht alleine auf Gewitter. Sie wurden oft auch während Schneestürmen, Orkanen, Vulkanausbrüchen, großen Waldbränden, nuklearen Detonationen, dem Start großer Raumschiffe etc. beobachtet.

Bestimmte Schneeverhältnisse können ebenfalls Blitze auslösen und somit Skifahrer Blitzschlagverletzungen aussetzen. Die Chancen dafür, vom Blitz getroffen zu werden, könnten sich erhöhen, wenn man metallene Objekte wie Helme, Gewehre, Regenschirme, Golfschläger etc. trägt.

Im Winter stoßen die Schnee- und Eispartikel ständig zusammen wegen des starken Windes. Das ständige Aneinanderschlagen und wirbeln dieser Kristalle erzeugt negative und positive Ladungen.

Ein elektrisches Potenzial entsteht zwischen der Wolke und den umgebenden Objekten inklusive des Bodens, anderer Wolken, Felsen, Bäumen, Gebäuden, etc. Und manchmal werden die Potenziale groß genug, um einen Blitzschlag zu erzeugen.

Blitzschläge sind nicht immer tödlich. Wenn ein Blitz in eine Gruppe einschlägt, werden einige Individuen schwerer, sogar tödlich verletzt als andere Mitglieder der Gruppe. Diejenigen jedoch, die überleben, leiden oft an fürchterlichen Nachwirkungen, inklusive Taubheit, Blindheit und irreversiblen Gehirnschäden.

Blitze neigen dazu, das Nervensystem zu verletzen.

Da der Schädel der übliche Kontaktpunkt ist, wird normalerweise auch das Gehirn verletzt. Gehirnverletzungen und Komas können vorkommen, wenn der elektrische Strom in den Schädel eintritt. Die damit zusammenhängende Hitze vom elektrischen Strom kocht buchstäblich die Gehirnzellen.

Gerissene Trommelfelle sind sehr häufig bei Blitzschlagopfern.

Slobodin hatte ebenfalls einen kleinen Riss in seinem Schädel, der aber nicht als tödliche Wunde betrachtet wurde. Thibault-Brignolles hatte eine schwere Schädelverletzung. Dubininas Zunge fehlte, ihre Augen, Teile der Lippen, Gesichtsgewebe und ein Fragment des Schädelknochens.

Die rechte Seite von Zolotaryovs Brustkorb hatte schwere Verletzungen erlitten mit fünf gebrochenen Rippen.

Les Ivanov fragte den forensischen Arzt: *„Wie lange konnten Dubinina und Zolotaryov leben?“*

Er antwortete: *„Der Tod von Dubinina ereignete sich zehn oder zwanzig Minuten nach der Verletzung. Wahrscheinlich war sie bewusstlos. Manchmal spricht ein Mensch mit einer Wunde im Herzen (einer großen Stichwunde), rennt herum und bittet um Hilfe. Dubininas Zustand wurde erschwert durch den traumatischen Schock, der von den beidseitigen Rippenbrüchen ausging, gefolgt von inneren Blutungen in der Bauchhöhle.*

Zolotaryov könnte länger gelebt haben. Man muss beachten, dass sie alle durchtrainierte, körperlich gut entwickelte, abgehärtete Leute waren."

Blitzschläge führen häufig zu Verletzungen des Nervensystems und können irgendein oder alle Teile des Nervensystems beeinträchtigen: das Gehirn, das vegetative und das periphere Nervensystem. Wenn das Gehirn betroffen ist, hat die Person oft Schwierigkeiten mit dem Kurzzeitgedächtnis, dem Zugriff auf Informationen, Multitasking, Ablenkbarkeit, Reizbarkeit und Persönlichkeitsveränderungen. Dies erklärt das irrationale Verhalten der Reisenden, nachdem sie vom Blitz getroffen worden waren.

Forscher behaupten, dass es mit Tierversuchen belegt wurde, dass Blitze in der Nähe des Kopfes - wie Augen, Ohren und Mund - eintreten, um ins Innere zu fließen. Dies könnte dabei helfen, die unzähligen Augen- und Ohrsymptome und Zeichen zu erklären, die bei Blitzschlagverletzungen berichtet werden.

Zolotaryov und Dubinina hatten keine Augen, Dubininas Zunge und ihr Musculus mylohyoideus („Kieferzungenbeinmuskel") fehlten. Ohne ihre Zunge und ihren Kieferzungenbeinmuskel konnte sie nicht sprechen. Dubinina war vom Blitz geblendet und stumm gemacht worden. Ihr Blut wurde in ihrem Magen gefunden, wahrscheinlich, weil sie es von der Wunde im Mund verschluckt hatte. Sie könnte sich die Zunge abgebissen haben, oder viel wahrscheinlicher ist es, dass diese vom Blitz herausgerissen wurde. Hätte sie ihre Zunge aufgrund der Verwesung des Körpers verloren, hätte sie kein Blut in ihrem Magen gehabt. Sie hat also das Blut von den Wunden in ihrem Mund geschluckt.

Ein Großteil der Elektrizität läuft über die Haut. Ein Teil davon findet seinen Weg in den Körper, vermutlich durch die Augen, Ohren, Nase und den Mund.

Die schweren stumpfen Verletzungen durch den Blitzschlag können auf zwei Wegen erfolgen: Zuerst kann die Person durch die plötzlichen, massiven Muskelkontraktionen, die durch den Fließstrom verursacht werden, über eine beträchtliche Distanz hinweg geschleudert werden. Eine harte Landung verursachte bei den Wanderern Schnitte, Prellungen, gebrochene Rippen, Schädelbrüche etc. Zweitens kann eine explosive oder implosive Kraft erzeugt werden, da der Weg des Blitzes sich unmittelbar übermäßig aufheizt und dann rapide abkühlt, und zwar entlang der Strecke, die der Blitz im Körper zurücklegt.

Ein Blitzschlag kann ein Opfer fünf Fuß hoch schleudern und zu einem Atemstillstand führen.

Die primären Verletzungen durch Elektrizität sind Verbrennungen. An zweiter Stelle stehen stumpfe Traumata, die aus dem Herabfallen oder dem Weggeschleudert werden resultieren, nachdem der Körper durch die intensiven Muskelkontraktionen hochgeworfen wurde.

Es gibt Berichte über Frakturen beinahe aller langen Knochen und Rippen, die von dem Trauma stammen, das mit den Blitzschlägen zusammenhängt. Der Blitzschlag kann die Betroffenen tatsächlich mehrere Meter hoch in die Luft werfen, und wenn sie landen, können ihre Knochen brechen. Von den gewaltigen Muskelkontraktionen, die durch die Elektrizität hervorgerufen werden, können Muskeln, Bänder oder Knochenverletzungen verursacht werden.

Bis zu zwei Drittel der ernsthaft verletzten Blitzschlagpatienten haben eine Keraunoparalyse (Blitzschlagparalyse; eine Lähmung durch Blitzschlag), die eine besondere zeitweilige Paralyse darstellt, die auf einen Blitzschlag folgt. Gewöhnlich vergeht sie wieder innerhalb weniger Stunden, obwohl einige Patienten dauerhafte Lähmung zurückbehalten können. Bewusstlosigkeit für unterschiedlich lange Zeiträume ist üblich und Verwirrung und anterograde Amnesie (Verlust der Fähigkeit, nach dem Ereignis neue Erinnerungen aufzubauen) kommen sehr häufig vor.

Möglicherweise schlugen die Blitze immer noch ein, als Kolmogorova, Slobodin und Djatlow zum Zelt krochen. Die drei Leichen wurden beinahe in einer Reihe gefunden bei dem Versuch, ins Zelt zurückzugelangen. Es lag ein großer Abstand zwischen ihnen. Das Kriechen und die große Distanz zwischen ihnen war vermutlich eine Art Schutz gegen die Blitzeinschläge.

Diese jungen, gesunden, gut trainierten Wanderer könnten einige Tage lang überleben, sogar schlecht angezogen und ohne Schuhe. Aber sie starben nicht an Unterkühlung, sondern wurden vom Blitz getötet. Die Reisenden machten den tödlichen Fehler, sich unter der Zeder zu versammeln und ein Feuer zu machen. Nachdem sie ihr Zelt aufgegeben hatten, versammelte sich die Gruppe um das Feuer herum, um sich aufzuwärmen und zu erholen und um zu besprechen, was zu tun war, als der Blitz einschlug. Natürlich ist es möglich, dass sie das Feuer erst anzündeten, nachdem sie vom Blitz getroffen worden waren. Sie hatten kaum eine Wahl. Sie dachten, dass sie ohne Feuer die kalte Nacht halb nackt und ohne Schuhe nicht überleben würden.

Aber das Glück war ihnen nicht hold. Die Vorsichtsmaßnahme bei Blitzschlägen besagt, dass die Reisenden, wenn ein Gewitter beginnt, das Feuer löschen sollen, weil Feuer und Rauch gute elektrische Leiter sind und einen Blitzeinschlag verursachen können.

Feuer ist ein Plasma und Plasmen leiten elektrischen Strom. Das Feuer und die heiße Luft über dem Feuer besitzt oft eine größere Leitfähigkeit als die Umgebung. Die Flamme enthält ionisiertes Gas. Und zwar deshalb, weil innerhalb des Plasmas ein großer Anteil der Atome Ionen sind. Das bedeutet, dass es im Plasma freie Ladungen gibt, die sich bewegen, wenn man eine Spannung anlegt.

Feuer ist ein echtes Plasma. Vielleicht nicht das beste Plasma oder das am meisten ionisierte, aber es funktioniert.

Eine Kerzenflamme kann eine Hochspannung (10.000 Volt) leiten. Obwohl die Ionendichte in einer Kerzenflamme klein ist, ist sie in ausreichendem Maß vorhanden, um elektrischen Strom zu leiten.

Wenn Sie eine Kerze anzünden und zwischen zwei Elektroden stellen, wird die Flamme Strom leiten. Wenn Sie die Flamme löschen, gibt es keinen Strom mehr.

Die Entfernung zwischen dem Zelt und der Zeder betrug 1.500 Meter. Bei der Zeder, nahe des Feuers, wurden die Leichen von Doroshenko und Kovonishchenko gefunden. Ungefähr 75 von der Zeder entfernt, nahe des Flusses, wurden die Leichen von Zolotaryov, Thibault-Brignoles, Dubinina und Kolevatov gefunden. Kolmogorova wurde 850 Meter vom Zelt entfernt gefunden, Slobodin ungefähr 1.000 Meter vom Zelt entfernt und Djatlow etwa 1180 Meter vom Zelt entfernt.

Aber was war so schrecklich, dass die Reisenden ihr Zelt aufschnitten und halb nackt den Hügel hinabrannten, an diesem dunklen kalten Abend? Es hatte minus 20 Grad Celsius. Warum hatten sie nicht die Zeit, die Verschlüsse am Eingang zu öffnen, sondern mussten das Zelt mit einem Messer gleich an drei Stellen aufschneiden?

Ein Sicherheitshinweis für Seeleute besagt: *„Das Leuchten auf einem Mastkorb wird von einer extremen Anhäufung einer elektrischen Ladung erzeugt, die als Elmsfeuer bekannt ist. Ungeschützte Seeleute sollten sofort Schutz suchen, sobald dieses Phänomen auftritt. Der Blitz kann den Mast innerhalb der nächsten fünf Minuten nach Auftreten des Leuchtens treffen.“*

Elmsfeuer ist ein Zeichen dafür, dass es eine mächtige Anhäufung statischer, elektrischer Energie gibt. Und diese elektrische Energie wird sich sehr bald entladen.

Fundorte der Leichen:

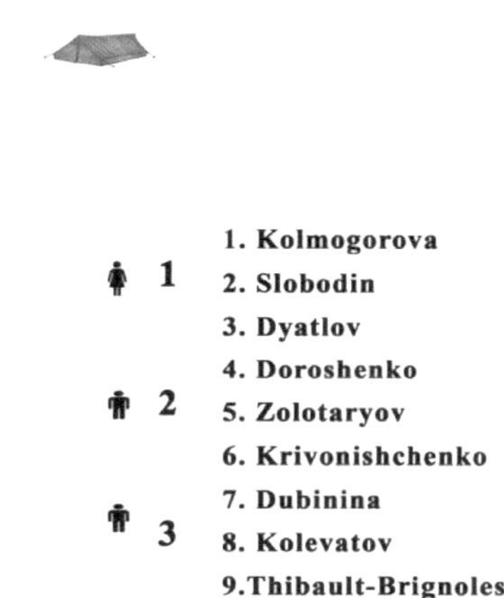

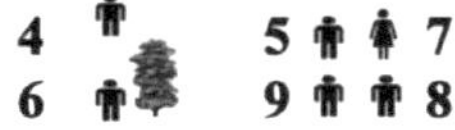

© Alexander Popoff

Julius Cäsar schrieb in seinen Kommentaren über das Elmsfeuer: *„Im Monat Februar während der zweiten Nachtwache, kam plötzliche eine dichte Wolke auf, gefolgt von einem Hagelschauer und in derselben Nacht schienen die Speere der 5. Legion Feuer zu fangen."*

Elmsfeuer (oder auch Elmslicht) ist ein Wetterphänomen bei dem sich aufgrund einer Koronaentladung – von einem spitzen Gegenstand ausgehend – in einem starken elektrischen Feld oder in der Atmosphäre ein leuchtendes Plasma bildet. Die Atmosphäre kann von Gewittern oder durch Vulkanausbrüche erzeugt werden. Physikalisch gesehen ist ein Elmsfeuer ein helles blaues oder violettes

Leuchten, das unter Umständen wie ein Feuer aussieht. Der Stickstoff und Sauerstoff in der Erdatmosphäre veranlassen das Elmsfeuer blau oder violett zu fluoreszieren; ähnlich dem Mechanismus, der Neonlichter zum Leuchten bringt. Elmsfeuer kann auf Blitzableitern, Masten, Türmen, Schornsteinen und Flugzeugflügeln erscheinen, aber auch auf Zelten, Grass und sogar auf den Spitzen der Hörner von Rindern.

Die elektrostatische Entladung hört sich an wie das Flattern eines Schiffssegels, dem Geräusch von fliegenden Vögeln, einem dumpfen Knallen, dem Kehren von Sand, einem deutlichen Reißen, dem Ton, wenn man dünne Musseline auseinanderreißt, einem Schleifen oder Rauschen etc.

Elmsfeuer ist ein Zeichen dafür, dass sich eine mächtige elektrostatische Energie aufbaut. Das ist es, was die Djatlow-Gruppe aus ihrem Zelt gescheucht hat, behaupte ich, der Aufbau einer elektrostatischen Energie, genannt Elmsfeuer.

Die Studenten begingen den Fehler, ihr Zelt neben den windigen Felsen aufzuschlagen, die inmitten der flachen Landschaft aufragten wie Blitzableiter, ein perfekter Platz für den Aufbau elektrostatischer Energie und elektrischer Entladungen (Blitze). Es hätte Elmsfeuer auf den Felsen und auf dem Zelt gewesen sein können. Es gibt Berichte von Alpinisten und Reisenden von überall auf der Welt über Elmsfeuer in den Bergen während der ganzen Saison, auch im Winter und über Elmsfeuer auf den Zelten.

Aus den Tagebüchern der Reisenden wissen wir, dass das Wetter am 31. Januar sich verschlechtert hat, mit einem starken Wind, der von Westen her blies. Der Himmel war klar, aber sah nach Schnee aus, eine Illusion, die vom starken Wind verursacht wurde, der den Schnee von den Bäumen und Bergen herab wehte. Niedrige Temperaturen, starker Wind und Schnee waren das perfekte Szenario für Elektrizität, die sich im Winter aufbaut. Am letzten Tag, dem 1. Februar, war das Wetter schlecht, was man anhand der Fotos sehen kann. Es war windig und die Reisenden wanderten durch den grauen Nebel. Auf ihrem letzten Foto, als sie das Zelt aufbauten, kann man deutlich sehen, dass es schneite und der starke Wind den Schnee verwehte.

In dieser Nacht war der Wind stark, bis zu 60 km/h.

Wir wissen nicht, ob die Skiwanderer das Elmsfeuer auf den Felsen sahen, aber mit Sicherheit konnten sie den Donner hören und sehen, wie sich die Elektrizität auf ihrem Zelt aufbaute, auf den Skistöcken und den Skiern neben dem Zelt. Sie konnten das spezielle Geräusch des Elmsfeuers hören, als es sich entlud. Oft geht mit dem Leuchten ein fernes zischen, krachen oder knistern einher. Elmsfeuer können manchmal einen Plasmaball aufbauen, der aussieht wie ein Kugelblitz und sich auch so benimmt.

Die hohen, windigen Felsen, die überall in der flachen Landschaft aufragten, könnten die Quelle der mysteriösen Lichtblitze und Lichtbälle sein, die die Mansen und Piloten sahen. Sie haben Elmsfeuer tatsächlich beobachtet und darüber berichtet, manchmal hatte es die Form eines Plasmaballs. Die Felsen könnten auch die Quelle der Kugelblitze gewesen sein.

2012 beobachteten der chinesische Wissenschaftler Jianyong Cen und sein Kollege von der *Northwestern Normal University* in Lanzhou ein Gewitter mit Videokameras und Spektrografen. Nur durch Zufall zeichneten sie einen Kugelblitz auf. Als der Blitzschlag in den Boden fuhr, erhob sich ein glänzender Ball fünf Meter hoch und flog 15 Meter weit, bevor er nach 1,6 Sekunden wieder verschwand.

Der Spektrograf zeigte, dass die Hauptbestandteile des Balls dieselben waren, die man auch in der Erde fand: Silizium, Eisen und Kalzium. Die Beobachtungen unterstützen die These der Entstehung von Kugelblitzen, die im Jahr 2000 von John Abrahams von der Universität von Canterbury in Neuseeland aufgestellt wurde. Abrahamson schlug vor, dass wenn der Blitz in den Boden oder die Felsen einschlägt, die plötzliche, starke Hitze die Siliziumoxide verdampfen lässt und eine Schockwelle das Gas in die Luft bläst.

Diese Theorie bekam Unterstützung im Jahr 2006, als Wissenschaftler der Universität in Tel Aviv, Israel, es schafften, im Labor einen Kugelblitz zu erzeugen, indem sie die nachgemachten Blitze mit Blättern von Siliziumoxid entzündeten. Dieser Vorfall in China ist das erste Mal, dass ein Kugelblitz in der Natur mit wissenschaftlichen Instrumenten eingefangen werden konnte.

Ich habe die Kugelblitzhypothese ebenfalls analysiert, aber schnell abgelehnt. Kugelblitze könnten auf den hohen Felsen neben dem Camp produziert worden sein und die Reisenden aus dem Zelt gescheucht haben, aber es ist sehr unwahrscheinlich, dass derselbe Kugelblitz sie 1.500 m hügelabwärts verfolgt und erschlagen hat. Zumindest wären doch die Reisenden, nachdem sie so lange in der dunklen Nacht herumgerannt sind, in unterschiedliche Richtungen gelaufen, wenn sie den Kugelblitz hätten näherkommen sehen und er hätte ein oder zwei von ihnen treffen können, aber nicht alle.

Der Kholat Syakhl ist eine magnetische Anomaliezone. Dies wurde zum ersten Mal durch den Forscher Evgeny Buayanov festgestellt, der den Ort der Tragödie besuchte und entdeckte, dass die Nadel seines Kompasses nicht zum magnetischen Nordpol zeigte, sondern davon abweichend 31 Grad westwärts. Vermutlich waren die Reisenden wegen der magnetischen Anomalie von ihrer Route abgekommen.

Eine magnetische Anomalie ist eine lokale Störung im Magnetfeld der Erde, das aus Störungen der Chemie oder des Magnetismus der Felsen herrührt. Oft sind magnetische Anomalien Bereiche mit reichen Eisenerzvorkommen. Die „Kursker Magnetanomalie" ist bekannt als die größte magnetische Anomalie der Erde. Das dort lagernde Eisenerzvorkommen wird momentan auf mehr als 25 Millionen Tonnen mit einem Eisengehalt von 32 - 37% geschätzt, sowie über 30 Billionen Tonnen mit einem Eisengehalt von 52 - 66%.

Die erhöhte Eisenkonzentration in den Felsen macht sie leitfähiger und anfälliger für Blitze und Elmsfeuer.

Die Felsen am Djatlow-Pass enthalten Eisenerz und stehen überall wie Blitzableiter in der flachen Landschaft.

In dem Artikel „*Die Auswirkung geologischer Unebenheiten auf dem Pfad des Blitzes, wie durch Modellversuche bestätigt*", von H. Nobinder und O. Salka, der 1949 veröffentlich wurde, schreiben die Autoren: „*... Erzschürfer haben in Regionen, in denen die örtliche Bevölkerung von häufigen Blitzeinschlägen berichtet, nach Erzlagerstätten gesucht. Diese Methode wurde besonders in einigen Regionen Afrikas angewandt.*"

Eis und gehärteter Schnee, speziell bei hohen Minustemperaturen, sind schlechte Elektrizitätsleiter. Die Gefahr von Blitzschlägen ist größer auf unebenen Flächen, die von Erde, Fels, Eis und Schnee bedeckt sind, die schlechte Leiter sind. Im Falle der Djatlow-Gruppe gibt es zwei solcher Situationen. Der Schnee, der sich wie Eis verhält, ist der schlechte Leiter; die hervorstehenden Felsen (möglicherweise mit Eisenerz) und das Feuer (Flammen und Rauch) sind die besseren elektrischen Leiter. Die Wahrscheinlichkeit, dass der Blitz in die Felsen und das Feuer einschlägt, ist viel höher als beim Schnee.

Magnetische Anomalien sind nicht nur wegen des Eisenerzes möglich, sondern auch wegen der Blitze. Restmagnetismus wird mit dem Strompfad der elektrischen Entladung in Verbindung gebracht, welcher starke magnetische Anomalien produziert.

Einige Felsen, die oft vom Blitz getroffen werden, werden magnetisch. Die Magnetisierung eisenerzhaltige Felsen ist sogar noch häufiger.

Menschen bemerken manchmal den Geruch von Ozon während eines Gewittersturms. Ozon oder O_3 kann während elektrischer Entladungen entstehen, die sich während Gewitterstürmen bilden. Die Djatlow-Gruppe könnte ebenfalls den Geruch von Ozon bemerkt haben aufgrund der ständigen kleineren Entladungen des Elmsfeuers und des nahen Blitzes, was ihnen sagte, dass sie sich in großer Gefahr befanden.

Am Zelteingang befand sich eine Stange, die elektrostatisch geladen war. In der Nähe der Stange befanden sich weitere metallische Gegenstände wie Äxte.

Die unheimliche, glühende Elektrizität auf der Spitze des Zeltes, auf den Zeltstangen, im Himmel und auf den Skistäben, erschreckte die Reisenden und sie schnitten die Zeltwand (der niedrigste Teil des Zelts mit der geringsten Elektrizität) und die Rückseite des Zeltes auf und rannten den Hügel hinab in die entgegengesetzte Richtung der atmosphärischen Elektrizität, weit weg von den hohen, windigen Felsen, die wie Blitzableiter in der ebenen Landschaft standen und dem gefährlichen Glühen im nächtlichen Zelt.

Wahrscheinlich diskutierte die Gruppe eilig, was zu tun war und entschied sich, das Zelt aufzuschneiden. Die Ermittler kamen zu dem Schluss, dass das Zelt von drei Messern gleichzeitig aufgeschnitten worden war. Aber die Wanderer hatten keine Zeit sich ordentlich anzuziehen und Schuhe mitzunehmen, nicht einmal, daran zu denken, so groß und bedrohlich war die Gefahr.

Die Reisenden erreichten den Wald und die Zeder nach ca. zehn Minuten, genug Zeit, um sich vom Schock zu erholen und sich Gedanken darüber zu machen, dass sie mitten im kalten Winter halb nackt und ohne Schuhe herumrannten. Warum gingen sie nicht zurück? Offensichtlich war die Gefahr immer noch da und sie mussten warten, bis sie (in diesem Fall das Wintergewitter) vorüber war.

Sie dachten, es würde zu lange dauern, als dass sie ohne Feuer überleben konnten. Sie mussten also ein großes Risiko eingehen und Feuer machen. Ohne Feuer wären sie dazu verdammt, an Unterkühlung zu sterben. Es war minus 20 Grad Celsius kalt oder sogar noch kälter und der Wind blies und wirbelte manchmal Schneewolken auf.

Winterblitze sind selten, aber verheerender, weil jeder Blitz eine höhere Ladung hat.

Nur leicht bekleidet zu sein macht die Blitze gefährlicher, weil sie durch den Körper gehen anstatt durch die dicke Winterkleidung.

Teile der Kleidung der Reisenden wurden zerrissen oder verbrannt als Resultat der Blitze.

In den meisten Fällen ist der Tod, wenn auch nicht sofort, unvermeidlich.

Wann schlug der letzte Blitz ein? Bevor oder nachdem sie das Feuer entzündet hatten? Möglicherweise, nachdem sie das Feuer gemacht hatten, weil die Flamme und der Rauch wie elektrische Leiter für den Blitz fungieren und die Chancen erhöhen, vom Blitz getroffen zu werden.

Tja, nun haben wir den wahren Grund dafür, warum die Reisenden ihr Zelt aufgeschnitten haben, um so schnell wie möglich zu entkommen. Es war das leuchtende Elmsfeuer und die unmittelbare Gefahr eines tödlichen Blitzschlags.

Der Augenzeuge Vadim Brusnitsin sagte, dass sie im Zelt einen Skistock gefunden hatten, der in mehrere Teile „zerschnitten" war (Skistöcke waren seinerzeit aus Bambusholz gemacht).

Der Hauptstamm des Bambus wird als Halm bezeichnet. Der Halm dient als Aufbau der Zweige und Blätter und enthält das Hauptgefäßsystem für den Transport von Wasser, Nährstoffen und Nahrung. Der Halm besteht aus zusammengesetzten Segmenten. Die Segmente werden als Knoten bezeichnet und der Raum zwischen den Knoten als Internodium. Das Internodium ist hohl: Tatsächlich ist es voller Luft. Der Bambusstock wurde richtiggehend zerschnitten von der elektrischen Entladung in die Internodien. Die überhitzte Luft in den hohlen Kammern des Internodiums zerbrach den Stock in Einzelteile.

Brusnitsin sagte: *„Obendrein fanden wir einen Skistock, der in einzelne Teile zerschnitten war; anscheinend stützte er das nördliche Ende des Zelts ab.“* Es ist möglich, dass eine elektrische Entladung (nicht ein direkter Blitzschlag) die Stange zerbrochen hat, das Zelt teilweise kollabierte und die Wanderer das Zelt aufschneiden mussten, um hinauszukommen oder um es so schnell wie möglich zu verlassen im Angesicht weiterer Blitze.

Kriminalermittler und Polizisten sagen, dass der Tatort bei Blitzschlagtod komplex, verwirrend und voller möglicher Missverständnisse sein kann.

Einige Forscher behaupten, dass sich die Reisenden in dieser Nacht entschieden hätten, den sogenannten „Kälteschlaf“ zu praktizieren, was bedeutet, dass sie kein Feuer im Ofen machen wollten. Die Retter fanden den Ofen im Zelt nicht zusammengebaut, was für den Kälteschlaf spricht. Skiwanderer praktizieren einen solchen Kälteschlaf manchmal, um abgehärteter, stärker und gesünder zu werden.

Es gibt auch Behauptungen, nach denen die Touristen kein Feuerholz für ihren Ofen hatten oder dass es nur ein Stück halbverbranntes Holz gab von der vorigen Nacht. Die Reisenden verwendeten dieses halbverbrannte Stück Holz, weil es sehr trocken war und sich viel leichter entzünden ließ als jedes andere Feuerholz, das im Winter feucht ist.

Aber die Retter behaupteten, dass der immer noch nicht zusammengebaute Ofen voller Feuerholz gewesen war. Das Zelt war bereits aufgebaut, benötigte aber noch einige Abschlussarbeiten. Thibault-Brignoles nahm diese vor, weil der der einzige vollständig bekleidete Mensch in Schuhen war. Der Rest der Gruppe befand sich im Zelt. Die Retter haben eine Stoffserviette mit Schinkenscheiben darin gefunden. Einige haben sich umgezogen, um ihre nassen Sachen zu wechseln, jemand bereitete sich ein Sandwich zu, etc. Um den Ofen zusammenzubauen und die Abzugsrohre, musste das Zelt voll errichtet und befestigt sein. Der Ofen brannte noch nicht, weil das Zelt noch nicht fertig war. Die unglücklichen Ereignisse begannen genau in dem Moment. Es begann alles mit dem Aufbau statischer Elektrizität.

Die zerschnittene und zerfetzte Kleidung, die Eintritt- und Austrittwunden, verbranntes Fleisch, Baumzweige und Kleidung, die Art der stumpfen Verletzungen und Knochenbrüche, das verwirrte Verhalten, die fehlende Zunge und Augen, das vorübergehende Lager und das Feuer unter einem Baum entgegen jeglicher Sicherheitshinweise, das in Panik und halb nackt verlassene Zelt und ohne Schuhe in der kalten dunklen Nacht und schließlich ihr schneller Tod nach dem Vorfall sagen uns, dass sie die Opfer atmosphärischer Elektrizität (Winterblitze) wurden.

Die naheliegendste Quelle für große elektrische Entladung in der Atmosphäre ist ein Blitz, aber es gibt auch andere Möglichkeiten, wie Kugelblitze und Meteoriten, vor allem unter Berücksichtigung der Mehrfachmeldungen von Feuerkugeln und Lichtblitze in der Nacht des Vorfalls und der berichteten Radioaktivität.

Meteoriten können ebenfalls leistungsstarke Blitzschläge verursachen. Sie können für lange Zeit am Himmel beobachtet werden, sagen wir mal zehn Minuten. Meteoriten können Elmsfeuer und Radioaktivität verursachen. Sie können auch die Magnetisierung einer bestimmten Region ändern.

Am strahlenden, sonnigen Morgen des 30. Juni 1908 flog ein feuriger Himmelskörper über Zentralsibirien. Er wurde von Augenzeugen als ein sphärisches oder zylindrisches Objekt beschrieben; sie gaben seine Farben mit Rot, Gelb, bläulich und Weiß an. Der Himmelskörper bewegte sich zehn Minuten lang abwärts. Dies war der berühmte Tunguskameteorit.

Der Tunguskavorfall ist die größte Meteoritenexplosion in der jüngsten Geschichte und fand vor nur etwa 100 Jahren statt, was es uns ermöglicht, auf viele relativ zuverlässige Augenzeugenberichte zurückgreifen zu können, sowie auf die authentischen Untersuchungsergebnisse einiger wissenschaftlicher Untersuchungen aus dem Jahr des Einschlags.

Der zentrale Teil des Tunguska-Ereignisses war die Luftdetonation eines Himmelskörpers, der sich in der Nähe des Flusses Podkamennaya Tunguska in Sibirien, Russland ereignet hat, um ungefähr 7:14 Uhr morgens.

An jenem Tag befand sich der Meteoritenschauer, der vom Kometen Encke verursacht worden war, auf seinem Höhepunkt. Wahrscheinlich war der Tunguskameteorit ein Fragment des Kometen Encke.

Der Tunguskavorfall begann einige Tage früher. In Westeuropa, großen Teilen des europäischen Teils von Russland und in Westsibirien, beobachteten die Menschen hoch am Himmel seltsame, silberne (nachtleuchtende) Wolken, brillante Dämmerlichter, grün- und rot gefärbte Himmel und Sonnenringe. (Sonnenringe oder Halos sind optische Phänomene, die von winzig kleinen Eiskristallen produziert werden, die bunte oder weiße Bögen und Flecken im Himmel bilden. Die Kristalle verhalten sich wie Prismen oder Spiegel).

Dieses optische Phänomen hoch am Himmel nahm während der drei Tage vor der Explosion stetig zu.

Leuchtende Nachtwolken sind dünne, wolkenähnliche Phänomene in der oberen Atmosphäre und sichtbar, wenn die Sonne unterhalb des Horizonts liegt. Diese Wolken sind hoch genug in der Atmosphäre, dass die Sonne sie immer noch beleuchten kann. Das lässt die Wolken gegen den dunkleren Himmel in der Nacht leuchtend erscheinen.

Leuchtende Nachtwolken bestehen aus winzigen Eiskristallen und sind höher als andere Wolken in der Erdatmosphäre.

Die leuchtenden Nachtwolken und die Aurora Borealis werden oft zusammen gesehen, was eine unglaubliche nächtliche Show an den Himmel zaubert. Die Aurora Borealis wird von geladenen Sonnenpartikeln verursacht oder geladenem Kometenstaub und Gasen, die in das Magnetfeld der Erde eindringen und die Moleküle der Atmosphäre anregen.

Die silbernen (nachtleuchtenden) Wolken, Sonnenringe (Halos), leuchtenden Dämmerlichter und grün- und rot gefärbten Himmel (z. B. Aurora Borealis) werden durch den Kometenstaub, Gase und Eiskristalle erklärt, die beim Aufprall des Koma (Nebelhülle) auf die Erdatmosphäre entstehen.

Das Koma ist die Nebelhülle, die den Kern eines Kometen umgibt. Es enthält Staub, Gase und mikroskopische Wassertropfen. Die neutralen Partikel des Komas werden vom Solarwind angeregt, sodass sie zu Ionen werden. Ein kontinuierlicher Strom von neutralen Partikeln wird so lange produziert, wie der Kern des Kometen verdampft und diese neutralen Partikel werden laufend in Ionen umgewandelt.

Der Sonnenwind lenkt den Kometenschweif und bis zu einem gewissen Grad auch das Koma, sodass sie die Erde wenige Tage vor dem Boliden selbst erreichen können, abhängig von der Position der Erde, Sonne, des Kometen, seinen Bruchstücken, dem Koma und dem Schweif.

Ludwig Weber von der Universität Kiel berichtet, dass es drei Tage vor der Explosion in Tunguska ungewöhnliche geomagnetische Auswirkungen gegeben hatte. Er hatte mehrfach unerklärliche, kleine, regelmäßige Schwingungen des Erdmagnetfelds beobachtet, die mehrere Stunden lang anhielten.

Die Abweichungen der Kompassnadel begannen direkt nach Einbruch der Dunkelheit und hielten bis gut nach Mitternacht an. Sie fielen mit dem Lichtphänomen hoch am nächtlichen Himmel zusammen. Die Aufzeichnungen sahen aus wie geomagnetische

Stürme, die gewöhnlich mit der elektrischen Sonnenaktivität zusammenhängen.

Die nachtleuchtenden Wolken, die Aurora Borealis und die geomagnetischen Störungen hängen mit dem ionisierten Koma und dem Schweif des Kometen Encke sowie einem seiner Trümmer zusammen, das wir heute als Tunguskameteoriten kennen.

Im März 1986 begegnete die unbemannte Raumsonde Giotto dem Halleyschen Kometen und näherte sich ihm beim Vorbeiflug bis auf 600 km an. Die Ergebnisse dieser Begegnung zeigten, dass das Koma negativ geladen ist.

1926 zeichnete I.M. Suslov die Überlieferungen der Ewenken auf, eines der vielen indigenen Völker im Norden Russlands. *(Ewenken kommen in Russland hauptsächlich in Sibirien vor, sie werden auch Evenki genannt und früher Tungusen. Sie leben von der Jagd und vom Fischfang. Ewenken leben auch in der Mongolei und in China. Sie sind Anhänger des Schamanismus)*. Einige Einzelpersonen, die in ihren Hütten (gewöhnlich aus Tierhäuten oder Birkenrinde gemacht) 30 km vom Epizentrum entfernt schliefen, berichteten, dass sie – noch bevor sie das helle Objekt am Himmel sahen – von einem starken Wind geweckt wurden, von pfeifenden und rasselnden Geräuschen, die sich anhörten, als flögen unzählige Vögel über ihre Köpfe hinweg, wie ein umfallender Baum und viele Donnerschläge; etwas Unsichtbares schlug und schob die Hütten und die Menschen herum, warf sie um, der Boden zitterte und etwas rumste auf den Boden. Es gab viele Berichte darüber, dass die Hütten *„davonflogen wie die Vögel"* und die Menschen in ihren Schlafsäcken mehrmals hochgeworfen wurden.

Diese Menschen beobachteten ein seltsames „Feuer" in den Baumwipfeln. Einige Bäume waren von der Spitze bis zu den Wurzeln verbrannt inklusive den Wurzeln der entwurzelten Bäume.

Die Ewenken berichteten, dass die Bäume umfielen. Die Kiefernadeln, die trockenen Zweige am Boden und ihre Rentiere brannten. Es wurde sehr heiß.

Elektrostatische Effekte können drücken, fallen, fliegen (elektrostatische Levitation), Elmsfeuer etc. verursachen.

Das Reiben einer Glasstange mit Fell oder Tuch, oder das mit einem Kamm durch die Haare fahren kann eine elektrische Ladung aufbauen. Statische Elektrizität von einem Plastikkamm lässt die Haare des Kindes zu Berge stehen. Statische Elektrizität wird auch erzeugt durch die Reibung von Kleidung gegen den Stoffbezug in Fahrzeugen oder auf Möbeln und der Reibung von Schuhen auf Bodenbelägen. Die meisten dieser Gegenstände bestehen aus synthetischen Materialien, von denen man weiß, dass sie elektrische Ladungen erzeugen. (Viele sind vertraut mit dem Funken oder Minischock, der sich entlädt, wenn man synthetische Kleidung auszieht.)

Der Funke wird mit elektrischer Ladung gleichgesetzt, weil er von einer elektrostatischen Entladung verursacht wird, oder einfach einer statischen Entladung, da eine übermäßige Ladung durch das Abfließen der Ladung in die Umgebung neutralisiert wird. Ein Blitz ist ein dramatisches Naturbeispiel für eine statische Entladung.

Der Tunguska-Augenzeuge berichtete von fliegenden Objekten wie Bäumen, Brocken der obersten Gesteinsschichten, Hütten, Kleidung, etc. große Wellen erschienen in den Flüssen gegen den Strom. Das Wasser verschwand plötzlich aus den Flussbetten.

Unter dem Einfluss von Stürmen wird die Erdoberfläche aufgeladen, wenn die elektrischen Felder des Sturms stark genug werden. Grass, Bäume, Tiere, Menschen und alles andere, gibt Ladung ab, die in die Atmosphäre fließt, manchmal wird das als Elmsfeuer gesehen. Das Eindringen eines Kometen und seines Komas kann ebenfalls einen Einfluss auf das Auf- und Entladen der betroffenen Umgebung haben.

Unterschiedliche elektrische Entladungen geschehen die ganze Zeit. Zu jeder beliebigen Zeit gibt es 2000 Gewitterstürme auf der ganzen Welt, die ungefähr 50 Blitzschläge pro Sekunde erzeugen.

Es gibt viele Faktoren, die die Auf- und Entladung der Ionosphäre und der Erdoberfläche beeinflussen.

Aber wie kann ein Meteorit einen Blitz verursachen?

Der vorgenannten Vorfälle ereigneten sich, noch bevor die Augenzeugen den leuchtenden Tunguskameteoriten am Himmel sahen.

Das Geschehen vor dem Auftauchen des brennenden Boliden am Himmel wurde von dem dichten, ionisierten Koma in der Nähe des Kometenfragmentkerns verursacht, sowie dem Kometenstaub und den Gasen, die mit hoher Geschwindigkeit auf die Atmosphäre trafen.

Große Mengen von ionisiertem Kometenmaterial vom Koma wurden innerhalb von Minuten mit hoher Geschwindigkeit in die Erdatmosphäre geschleudert. Kometen bewegen sich mit sehr hohen Geschwindigkeiten zwischen 25 und 60 km/s. Die Auswirkungen waren elektrisch, mechanisch und thermal. Die statische Elektrizität als Ergebnis der aus dem Koma fließenden ionisierten Partikel verursachten ein atmosphärisches Pulsieren, Wind und Erschütterungen des Bodens.

In Himmelskörpern und Raumfahrzeugen können sich aufgrund der extrem niedrigen atmosphärischen Feuchtigkeit in der außerirdischen Umgebung sehr große statische Ladungen ansammeln.

Die Erde ist elektrisch geladen und verhält sich wie ein Kugel-Kondensator; die Erde hat eine negative Ladung, während sich in der Atmosphäre positive Ladungen befinden. Es gibt einen Spannungsunterschied von ungefähr 300.000 Volt zwischen der Erdoberfläche und der Ionosphäre.

Die Ionosphäre ist eine Elektronenhülle und elektrisch geladener Atome und Moleküle, die die Erde umgibt. Sie wird von der Sonne aufgeladen.

Koma, Kometenstaub und Meteoritenstücke pumpen große Mengen negativ geladener Partikel aus dem Kometenkoma in die positiv geladene Ionosphäre, und verändern das lokale elektrostatische Spannungsgefälle zwischen der negativ geladenen Erdoberfläche und der positiv geladenen Ionosphäre, indem sie ein riesiges, pulsierendes elektrostatisches Feld erschaffen. Die Ionosphäre begann zu oszillieren (sich auf und ab zu bewegen) und erzeugte örtliche, aber mächtige atmosphärische Impulse, einen starken Wind, schaurige Geräusche etc.

Augenzeugen berichteten, dass sie als Erstes einen starken Donnerschlag hörten und danach die feurigen Bälle am Himmel sahen.

Die Energiepartikel, die die schillernden Lichter hoch oben in der Erdatmosphäre (Aurora Borealis) erschaffen, produzieren manchmal auch seltsame Geräusche wie Klatschen, Knistern, dumpfe Schläge, Stottern und statische Geräusche.

Nach dem Auftreten der statischen Elektrizität sahen die Ewenken ein helles Licht am Himmel „so hell wie die Sonne". Der Bolide bewegte sich ungefähr zehn Minuten lang über den Himmel und explodierte dann. Die Schockwelle warf die Menschen um und zerbrach die Fenster noch in Hundert Kilometern Entfernung. Es gab keinen starken, heißen Wind. Er war so heiß, dass die Menschen es nicht in ihrer Kleidung aushielten.

Die Mehrheit der Augenzeugen, die Hunderte von Kilometern vom Epizentrum entfernt waren, berichteten über drei mächtige Donnerschläge; danach hörten sie etwas wie Artilleriefeuer oder Gewehrschüsse.

Der Meteoritenflug durch die Erdatmosphäre wird von verschiedenen elektromagnetischen Phänomenen begleitet. Es wird von einer charakteristischen Radiostrahlung des ionisierten Meteoritenschweifs berichtet, von Abweichungen der Kompassnadel, leichten Elektroschocks etc.

In den 1940er Jahren führten die sowjetischen Wissenschaftler I. Ostapovitch und A. Kalashnikov erfolgreiche Experimente zur Entdeckung der elektromagnetischen Effekte von vorüberfliegenden Meteoriten durch. Vladimir Solyanik von der Technischen Universität Altai war fasziniert von der Tatsache, dass der Sikhote-Alin Meteorit, als er über einen Techniker hinweg flog, der gerade eine Telefonleitung auf einem Masten reparierte, diesem einen elektrischen Schlag verpasste. Wie können Meteorite Elektrizität produzieren?

1951 präsentierte Solyanik auf einem Treffen der „Kommission für Kometen und Meteore“ vom astronomischen Rat der Akademie der Wissenschaften der UdSSR eine Abhandlung, die besagte, dass Meteoriten in ihrer Nachlaufströmung einen ionisierten Schweif bilden können und dass das elektromagnetische Feld stark genug ist, um sogar den Meteoriten durch eine Explosion zu zerstören, falls es zu einer elektrischen Entladung zwischen der ionisierten heißen Luft um den Boliden herum und der Erdoberfläche kommt. Er vermutete, dass der Meteorit in Tunguska aufgrund einer elektrischen Entladung in beträchtlicher Höhe explodierte.

Alexander Nevsky, ein sowjetischer Raketeningenieur, entwickelte in den 1960er Jahren eine ähnliche Hypothese über die Ursache der Tunguskaexplosion und schrieb 1963 einen Bericht für die Sowjetische Akademie der Wissenschaften, in der er vermutete, dass die explosive Zerstörung des Meteoriten von Tunguska von einer mächtigen elektrischen Entladung verursacht wurde.

Seine Arbeit wurde erst viel später, 1978, im akademischen *Astronomical Journal* veröffentlicht, sowie in zwei Zeitschriften für Populärwissenschaften.

Anfang der 1950er Jahre war Nevsky Teil einer Gruppe von Ingenieuren, die das Problem der unterbrochenen Radiokommunikation beim Eintritt eines Raumschiffs in die Atmosphäre untersuchen sollte. Das Forschungsteam kam zu dem Schluss, dass das heiße

Plasma rund um das Raumschiff, das mit hoher Geschwindigkeit in die Atmosphäre eintritt, die Radiowellen stört.

Das Plasma bildet sich aufgrund der hocherhitzten Luft rund um das Schiff. Die Energie ist ausreichend, dass sich die Moleküle der Atmosphäre trennen und ihre Atomkomponenten ionisiert werden. Das Raumschiff steigt herab in einem überhitzten Schleier von weißglühendem Plasma.

Nevsky und das Team mussten auch das Problem mit den starken Plasma Flares rund um das Raumschiff lösen.

Der Plasmastrom ist elektrostatisch geladen und konzentriert sich besonders auf die spitzen Oberflächenkonturen. Die daraus resultierende Wirkung ist eine intensive lokale Erhitzung an den führenden Kanten der Flugzeugzellen. Experten vermuten, dass es fast sicher ist, dass dies die katastrophalen Schäden am Space Shuttle Columbia verursacht hat.

Die Forschungen über das Plasma und die starken elektrischen Entladungen brachten Alexander Nevsky auf eine Idee bezüglich des Tunguskarätsels.

Er entwickelte unter Verwendung seines Wissens über die Raumfahrttechnik eine Theorie einer elektrischen Entladungsexplosion von Meteoriten. Die Oberfläche jeglichen Meteoriten oder Raumfahrzeugs, das in die Erdatmosphäre eintritt, ist auf sehr hohe Temperaturen erhitzt, was eine starke Elektronenemission von der Oberfläche dieser Körper verursacht. Die Elektronen werden von der heißen Luftströmung davongetragen und sammeln sich im Nachstrom, der sich negativ auflädt, während der fliegende Meteorit und das ihn umgebende Plasma sich positiv aufladen. Die Meteoriten erschaffen einen gigantischen Plasma-Dipol.

Meteoriten, die die Atmosphäre durchqueren, hinterlassen lange Kolonnen erhöhter Ionisation, bekannt als Meteor-Plasma-Schweif.

Die Erdatmosphäre ist negativ geladen.

Die massive elektrische Entladung zwischen den elektrisch geladenen Meteoriten und der Erdoberfläche bringt den Meteoriten zur Explosion. Die Temperatur des Kerns kann Millionen Grad Celsius erreichen.

Laut den Augenzeugen verband plötzlich eine Lichtsäule die Erdoberfläche mit dem feurigen Meteoriten und er explodierte hoch oben am Himmel.

Die Einwohner sagten, dass der „Feuerball mit einem Schweif" sich in eine „Feuersäule", „eine vertikale Fontäne", „einen Speer" verwandelt hat. Einige haben innerhalb der Lichtsäule verschiedene elektrische Entladungen in unterschiedlichen Farben beobachtet: rot, blau, gelb. Die mächtige elektrische Entladung (die Lichtsäule) befand sich zwischen der negativ geladenen Erde und dem positiv geladenen Meteoriten. Die Lichtsäule erschien sofort und verschwand ein wenig später. Die Blitze innerhalb der Lichtsäule hatten die Kraft einer Bombe mit mehreren Hundert Kilo TNT.

Augenzeugen berichteten, dass sie innerhalb der Lichtsäule Feuerstangen, bunte Bänder und andersförmige Objekte in Blau, gelb und rot gesehen hatten. Die Farben hängen mit den unterschiedlichen Temperaturen des Plasmas in den Entladungskanälen zusammen.

Es gab mehrere Gruben in der vermuteten Einschlagszone und die Forscher dachten, dies wären kleine Einschlagkrater, aber es waren keine Meteoritentrümmer vorhanden. Sie waren von der elektrischen Entladung verursacht worden. Nevsky vermutete, dass es dort auch einen Krater gibt, aber diese wurde immer noch nicht gefunden.

Laut einigen Augenzeugen gab es im Epizentrum vor der Explosion einen Hügel mit Kieferwäldern, danach fanden sie einen See und einen Sumpf.

Die mächtige elektrische Entladung hatte den Permafrost unter der Oberfläche aufgetaut und das Wasser flutete die Region und schuf viele Sümpfe.

Zwei Tage lang beobachteten die Einwohner hohe Geysire, heiße Seen und Teiche mit kochendem Wasser. Dieses „Geheimnis" kann mit den elektrischen Entladungen erklärt werden, die das Grundwasser erhitzten und einen immensen Druck verursachten.

Laut den Augenzeugen dauerten die Donnerschläge und die Blitze zwischen 15 und 30 Minuten. Die Leute beschreiben sie oft als Kanonenschläge. Sie wurden von vielen elektrischen Entladungen verursacht. Der Donner und die Berichte traten vor und nach der Meteoritenexplosion auf. (The thunder and reports occurred before and after the explosion of the meteorite.)

Es wurde berichtet, dass es im Schweif des Meteoriten keinen Rauch gab, sondern bunte Bänder, Stangen, etc. Das waren die elektrischen Entladungen zwischen dem hocherhitzten brennenden Meteoriten (positiv geladen) und dem entgegengesetzten Ende des Schweifes im Nachstrom (negativ geladen). Es war wie ein gigantischer Dipol. (Ein elektrischer Dipol ist eine Trennung von positiven und negativen Ladungen.)

Nach der Explosion blieb der ionisierte Schweif noch 10-20 Minuten bestehen und war die Quelle multipler Blitze.

Alexander Nevsky sagte, dass das elektrostatische Feld das Erscheinen einer Lichtkorona auf den Zweigen des Baums, also das Elmsfeuer, vollständig erklärt. Es verursachte auch die Hautverbrennungen, die manchmal Lichtenbergfiguren schafft.

Zeugen und Forscher berichten, dass es viele frische Blitzschäden an den Bäumen gab, die Rinde war von den Bäumen weggeflogen, die Stämme hatten Risse, etc.

Die Temperatur im elektrischen Entladungskanal konnte viele Millionen Grad Celsius erreichen und der Druck Hunderttausende von Atmosphären (atm). 30 – 50% der Energie besteht aus einer Form von Strahlung, inklusive Röntgenstrahlen und Neutronen. Manchmal wird die Neutronenstrahlung auch im Blitz entdeckt.

Nach der Tunguskaexplosion gab es unzählige Berichte von kranken Menschen und Tieren. Ganze Familien und eine große Anzahl Tiere starben innerhalb eines oder zwei Jahren, vermutlich an der Strahlenkrankheit.

Gemäß den Einheimischen waren Gruben im Epizentrum, die tödlich waren, für alles, was hineingeriet; etwas glühte nachts darin. In einer der Gruben sahen die Einheimischen nachts die Steine glühen. Radiolumineszenz ist ein Phänomen, bei dem das Licht in einem Material produziert wird, indem man es mit mit ionisierter Strahlung beschießt.

Für lange Zeit gab es keine Tiere im Bereich des Epizentrums, während die umliegenden Gebiete voller Leben waren. Die Jahresringe der Bäume sind seit 1908 breiter als in den Jahren vor der Explosion. Einige genetische Mutationen in der Flora wurden ebenfalls überliefert. Die Vegetation wuchs schneller als üblich. Die Mutationen sahen aus wie nach einer nuklearen Explosion.

Genetische Mutationen können von den Neutronen und den Röntgenstrahlen oder koronalen Entladungen verursacht werden, aber auch von den mächtigen elektrischen Ladungen selbst.

In der Nähe des Epizentrums ist das Magnetfeld des Bodens anders ausgerichtet, als in den Bereichen 30 – 40 km entfernt. Dies ist das Resultat einer mächtigen elektrischen Entladung, die das Magnetfeld des Bodens geändert hat.

Kulik, ein sowjetischer Forscher, berichtet, dass die Verbrennungen an den Bäumen sich stark von denen eines Waldbrandes unterschieden. Alle Zeichen deuten auf kurzfristig hohe Temperaturen hin, nach denen kein Feuer mehr folgte. Es wird geschätzt, dass die Tunguska-Explosion ungefähr 80 Millionen Bäume in einem Gebiet von 2.150 km^2 gefällt hat. Einige Bäume blieben stehen und sahen aus wie Telegrafenmasten, weil sie keine Zweige und Blätter mehr hatten; die meisten waren in einem seltsamen, schmetterlingsartigen Muster umgefallen, mit Wurzeln, die in Richtung des Epizentrums zeigten.

Die Bäume in der Umgebung – bis zu mehreren Kilometern Entfernung in jeder Richtung – knickten um wie Streichhölzer.

Nach der Explosion gab es einen geomagnetischen Sturm, der einige Stunden andauerte, ähnlich den geomagnetischen Störungen, die auf eine nukleare Explosion in der Atmosphäre erfolgen.

Die geomagnetischen Störungen wurden vom Magnetischen und Meteorologischen Observatorium in Irkutsk beobachtet und aufgezeichnet und auch von anderen Observatorien in Russland und Europa. Sie waren verursacht worden von den elektrischen Prozessen in Verbindung mit dem Kometeneinschlag und der Explosion, dem ionisierten Koma, dem heißen Plasma und den elektrischen Entladungen.

Die seltsamen Lichteffekte am Himmel, die vor der Explosion begannen, erreichten ihren Höhepunkt und dauerten einige Tage an. Noch einige Tage lang nach dem Einschlag lagen ein glühender roter Nebel sowie silberne Wolken in der Atmosphäre.

Die Eispartikel und die ionisierten Gase aus dem Koma verursachten ein unheimliches Leuchten hoch oben im nächtlichen Himmel.

Die Nächte waren so hell, dass die Menschen die Zeitung lesen konnten. Viele Menschen konnten wegen der Helligkeit nicht schlafen. Um Mitternacht wurde in Greenwich, England, ein Foto vom Hafen aufgenommen mit einer einfachen Holzkastenkamera, die lange Belichtungszeiten benötigt, weil die Platten so wenig empfindlich waren.

Die Intensität der nächtlichen Leuchtstärke war beträchtlich. Um Mitternacht konnte man leicht die Zeiger und Ziffern einer Taschenuhr ablesen. Um 1:15 Uhr war so viel Licht wie tagsüber.

Das Smithsonian Astrophysical Observatory und das Mount Wilson Observatory berichteten von einer Zunahme der atmosphärischen Lichtdurchlässigkeit während der folgenden Monate.

Die Explosion wurde von seismischen Messstationen in ganz Europa und Asien registriert. Meteorologen bemerkten die Schwankungen im Atmosphärendruck. Das starke atmosphärische Pulsieren umkreiste die Erde zweimal.

Als der Meteorit in die Erdatmosphäre eintrat, war das Wetter heiß und trocken, ein perfekter Tag für den Aufbau statischer Elektrizität und mächtiger elektrischer Entladungen.

Einige Forscher, inklusive Konstantin K. Khazanovitch-Wulff, schlugen vor, dass die elektrischen Entladungen so heftig waren, weil sie einen Vulkan aus dem Trias getroffen hätten. Die elektrische Leitfähigkeit der Vulkanausbruchkanäle ist besser als die des umgebenden Bodens. Einige Plätze und erloschene Vulkane sind wie Blitzableiter.

Es wurde kein Einschlagkrater gefunden. Der Großteil des Meteoriten war verdampft und pulverisiert. Kleine leuchtende Kugeln kosmischen Ursprungs wurden in der Umgebung der Absturzstelle des Meteoriten von Tunguska gefunden. Sie waren wie Pellets in den Boden und in die Bäume eingebettet.

Exkursionen entdeckten winzige Silikat- und Magnetitkügelchen im Boden. In einigen dieser Kügelchen wurde ein großer Prozentanteil Nickel gefunden, der auf einen Bolideneinschlag hinweist.

Die Erforschung der Moorflächen erbrachte Beweise für einen außerirdischen Absturz. Die Sedimentschichten in den Sümpfen enthalten unterschiedliche Mengen an verschiedenen Kohlenstoff-, Wasserstoff- und Stickstoffisotopen als die Schichten vor und nach der Explosion. Die im Jahr 1908 gebildete Schicht enthält größere Mengen an Iridium.

Wenn der Bolide nur fünf Stunden später in die Atmosphäre eingetreten wäre, hätte er St. Petersburg getroffen und zerstört.

Wenn die Explosion von Tunguska sich über einem großen Stadtgebiet ereignet hätte, hätte sie es verwüstet und Millionen Menschen getötet. Es hätte ähnlich ausgesehen wie nach einer Explosion von 600 – 1.000 Atombomben von Hiroshima, nur schlimmer.

Die Bombe „Little Boy" explodierte über Hiroshima mit einer Energie von 16 Kilotonnen TNT. Die Tunguska Explosion wurde auf ungefähr 10-15 Megatonnen TNT geschätzt.

Es hätte drei große, zerstörende Explosionen gegeben: eine Detonation des Meteoriten über dem besiedelten Bereich mit einer Kraft von Hunderten von Nuklearbomben, eine übermächtige elektrische Entladung und eine Detonation des Vaters und der Mutter der thermobarischen Bombe.

Die Folgen wären viel schwerwiegender als in Sibirien, weil die große Anzahl von geerdeten Metallstrukturen und Stromnetzen eine perfekte Umgebung für eine supergewaltige elektronische Entladung bilden würden.

Die elektrische Entladung, der Elektromagnetische Impuls (EMP) und der geomagnetische Sturm würden die elektronischen Anlagen und Stromleitungen im Epizentrum und den angrenzenden Gebieten zerstören.

Der Knall würde Radio- und Fernseh-Störungen verursachen, inklusive der Unterbrechungen von Radiosignalen des ganzen Kontinents. Einige Satelliten wären stundenlang unkontrollierbar. Alle Bäume würden zerstört werden. In Tunguska starben 80 Millionen Bäume.

Wasser- und Gasleitungen würden in die Luft gehen, erhitzt von den elektrischen Entladungen. Alle Waffenmunitionen, Tankstellen und Gastanks aller Fahrzeuge (Autos, Busse, Motorräder, Lkws, Flugzeuge), Chemietanks oder Nuklearsprengköpfe (in Form von schmutzigen Bomben oder Kernsprengköpfen) würden gleichzeitig explodieren. Der heiße Treibstoff in der heißen, verschmutzten Luft aller bevölkerten Gebiete würde die größte thermobastische Bombe ergeben, die es je gegeben hat. Die Druckwelle würde unverstärkte Gebäude, Infrastrukturen, Ausrüstungen zerstören und würde alle Menschen in diesem Gebiet töten und verletzen. Der gegen Personen gerichtete Effekt der Druckwelle ist in geschlossenen Räumen wie in Gebäuden, U-Bahnen, Höhlen und Bunker schlimmer. Die Menschen würden von der Druckwelle, durch die schweren Verbrennungen und die heiße, giftige Atmosphäre getötet werden. Das Einatmen des brennenden Treibstoffs und die anschließende Verdünnung der Luft (daher Vakuumbombe) würden die Lungen zerreißen. Thermobarische Bomben sind extrem tödlich in besiedelten Gebieten.

In der Populärkultur und den zugehörigen Werken sagt man gerne *„Ein EMP Ausbruch und das ganze Gebiet versinkt im Dunkeln."* Nun, nicht ganz. Viel wahrscheinlicher gäbe es mehr als genug Licht, nur die Lichtquelle wäre anders - es gäbe viele Brände, glühende Trümmer wegen der ionisierten Strahlung und leuchtende Nachthimmel. Einige Tage nach der Explosion in Tunguska konnten die Menschen in großen Bereichen von England bis China nachts ihre Uhren ablesen und ihre Zeitungen lesen und sogar mit sehr primitiven Holzkistenkameras Fotos machen.

Millionen Menschen wären tot aufgrund der Druckwelle, Erdbeben, Feuer, intensiven Lichtimpulsen, Elektroschocks, Röntgenstrahlen, Neutronenstrahlungen, elektrischen Entladungen etc. Viele Jahre nach der Explosion würde die Mehrheit der verletzten Menschen an der Strahlenkrankheit sterben, einem Ergebnis der ionisierten Strahlung.

Das Kometenfragmentszenario kann die Strahlung auf der Kleidung der zwei Mitglieder der Djatlow-Gruppe erklären, den Elektroschock oder den Blitz, der die Reisenden getroffen hatte, den Feuerball am Himmel, das panikartige Verlassen des Zeltes, um nicht von dem Boliden getroffen zu werden, die verbrannten Bäume, etc. Aber ich habe einige Probleme entdeckt, als ich die Theorie auf den Djatlow-Pass Vorfall anwenden wollte. Das erste war, dass es keine Pellets von einem explodierten Kometenbruchstück in den Bäumen und Leichen der Skiwanderer gab. Die Wanderer rannten zehn Minuten lang von ihrem Zelt bis zur Zeder. Zehn Minuten war viel zu viel Zeit, um im Voraus zu wissen, wo der Meteorit einschlagen würde.

Sie können mehr über den Tunguska Meteoriten und das Aussterben der Dinosaurier in meinem Buch *„Dinosaurier Killer"* lesen.

Ein wenig mehr über das Buch. Ein Asteroid hat die Dinosaurier getötet? Wollen Sie mich verarschen?

In diesem fesselnden Sachbuch erkläre ich, warum die Asteroiden- und Vulkantheorien, die unter den Gelehrten weit verbreitet sind, keinen Bestand haben. Denn sie können viele Besonderheiten des Untergangs der Kreidezeit nicht erklären: das Vorhandensein außerirdischer Aminosäuren in den Böden Zehntausende von Jahren vor und nach der Katastrophe, den Verlust eines Teils der Erdatmosphäre, die vielen Spitzen von Iridium und extraterrestrischen Aminosäuren im K-Pg Grenzbereich, der außerirdische Ruß und der elementare Kohlenstoff in die Grenzschicht usw.

„Dinosaurier Killer" löst auch das alte Rätsel, warum so viele Spezies ausstarben, während andere überlebten. In den Worten des Paläontologen Dr. Robert T. Bakker in „The New York Times": *„Es ist, als ob die Natur eine intelligente Bombe auf das Tierreich gerichtet hätte, die dafür bestimmt war, nur einige Tierarten zu töten."*

Die Theorie vom Kometen, der für das Aussterben verantwortlich war, erklärt den Tötungs-Mechanismus hinter der intelligenten Bombe aus der Kreidezeit.

Eine der heiß diskutiertesten Fragen in der Paläontologie dreht sich um die drei Meter breite Lücke in den Fossilaufzeichnungen, direkt vor der Grenzschicht, die etwa 100.000 Jahre darstellt. Am häufigsten wird vermutet, dass die Dinosaurier am Ende der Kreidezeit bereits ausgestorben waren. In der Tat waren die Dinosaurier aber noch gesund und munter, als die Katastrophe die meisten Arten auf der Erde getötet hat. Sie werden die schlüssigen Antworten auf dieses Rätsel am Ende des Buches finden.

Ich stelle außerdem die Theorie über das Rätsel des Tunguskameteoriten von 1908 in Sibirien vor, was uns beim besseren Verständnis des Massensterbens in der Kreidezeit und dem Verlust der Atmosphäre während der Katastrophe, helfen wird.

Das Buch erklärt auch, warum die große Dinosaurierart keine Warmblüter sein mussten und warum sie als Warmblüter im Treibhaus des Mesozoikums umgekommen wären.

„Dinosaurier Killer" präsentiert faszinierende Details über die damalige Atmosphäre, die einige Besonderheiten des Mesozoikums ausmachte, die gigantische Flugreptilien und 50 Tonnen schwere Dinosaurier möglich machte, und erklärt auch, warum solch außergewöhnliche Tiere heute nicht leben könnten und warum es nicht möglich ist, die authentische Welt des Mesozoikums in einem offenen Lebensraum nachzubauen, inklusive der Dinosaurier, wie es Michael Crichton in seinem Buch „Jurassic Park" getan hat.

„Dinosaurier Killer" verbindet Elemente eines Fachbuches mit der Erzählung einer wissenschaftlichen Detektivgeschichte. Der Mechanismus des Kometen, der in der Kreidezeit alles auslöschte, ist ein außergewöhnlicher Beitrag zur Studie des Untergangs der Dinosaurier und der Vermutung über das Überleben der Menschheit.

Viele Wissenschaftler glauben, dass wenn die Dinosaurier sich weiter entwickelt hätten, hätten sie wahrscheinlich intelligente Gehirne entwickelt und eine Zivilisation geschaffen, die auf dem Mond landet und 65 Millionen Jahre vor der Menschheit den Weltraum bereist.

Das Buch gibt einen Überblick über 146 andere Theorien über den Untergang der Dinosaurier.

Aber lassen Sie uns zum Djatlow-Pass Vorfall zurückkehren.

Wir müssen noch das Problem mit der Radioaktivität lösen.

Was war die Quelle dieser Strahlung? Geheime Atomtests? Tests einer neuen Waffe? Eine kontrollierte Übergabe radioaktiven Materials an fremde Spione? Strahlung einer nuklear getriebenen Rakete? Aus den Hüllen der Campinglampen? UFOs? Oder war es nur eine unbeabsichtigte Kontamination der Kleider in der Atomfabrik, wo einige der Wanderer arbeiteten?

Der leicht radioaktive Staub über einem großen Bereich, das Resultat von vorangegangenen Nukleartests auf der ganzen Welt, wurde vom Regen und dem schmelzenden Schnee in die Flüsse gespült und konzentrierte sich im Schlamm des Flussbetts. Die Wasserquelle des Auspia Flusses, wo die letzten vier Leichen gefunden wurden, sind Regen und Schneefälle.

Die Krankenschwester des forensischen Arztes erinnerte sich, dass die Kleidung der letzten vier Opfer sehr schlammig war. Die drei Stücke der Kleidung der Wanderer (zwei Hosen und ein Pullover) wurden radioaktiv getestet, weil der Flussschlamm gegenüber den normalen Werten eine leicht erhöhte Radioaktivität aufwies.

Aber waren die Organe der neun Reisenden starker Radioaktivität ausgesetzt?

Levashov, der städtische Chefradiologe, sagte aus, dass Muster der Opfer eines tödlichen Autounfalls denselben Grad an K-40 aufweisen. Er konnte nichts Ungewöhnliches feststellen.

Levashov wurde gefragt, ob die Kleidung unter normalen Umständen von radioaktiven Substanzen kontaminiert worden sein könnte. Er antwortete: *„Die Kleidungsstücke wurden entweder durch radioaktiven Staub aus der Atmosphäre kontaminiert oder durch den Kontakt mit radioaktiven Substanzen. Wie ich schon sagte, diese Kontamination übersteigt die Normwerte von Leuten, die mit radioaktiven Substanzen arbeiten."*

Levashov hatte recht, es war eine Kontamination mit radioaktivem Staub aus der Atmosphäre, die sich im Schlamm des Flusses durch Regen und Schmelzwasser angesammelt hatte. Der Staatsanwalt Ivanov war so vom UFO besessen und ließ sich keine Probe des Flussschlamms kommen, wo die letzten vier Opfer gefunden wurden, um sie auf Radioaktivität zu untersuchen. Heute ist es zu spät dafür, weil der radioaktive Schlamm zusammen mit den meisten der kleinen Sedimente aus jener Zeit im Meer ist.

Das berühmte 33. Einzelbild. Was war das?

Viele Forscher vermuten, dass auf diesem Bild die Wanderer ein Foto machten von einem UFO, einer Rakete, oder eines sich schnell bewegenden Objekts, das Licht ausstrahlt. Auf dem Bild können Sie das 33. Einzelbild sehen und zwei weitere Bilder eines sich schnell bewegenden Objekts: einer Rakete und einem Meteoriten. Sie sind recht unterschiedlich, nicht wahr? Die sich schnell bewegenden Objekte hinterlassen eine beständige Spur auf dem Film, aber eine solche ist auf dem 33. Einzelbild nicht erkennbar.

Die Bilder wurden mit einer in der UdSSR hergestellten ZORKI 35 mm Kamera gemacht.

Bevor die Reisenden ihr Zelt verließen, diskutierten sie kurz, was sie tun sollten und eine ihre Ideen, die Zustimmung gefunden hatte, war es, das Phänomen – was immer es auch war – zu fotografieren. Sie nahmen alle drei Kameras, jemand stellte die Kamera auf ein Stativ und entfernte die Kamera- und die Linsenabdeckung. Damals war es mit Gelbfilter und Film – die Kamera war bereit für die Aufnahme. Es müsste nur jemand den Auslöser bedienen. Aber in diesem Moment geschah etwas sehr beängstigendes und sie mussten alle das Zelt verlassen, halb angezogen und ohne Schuhe. Die Kamera auf dem Stativ mit dem 33. Foto wurde auf den Boden gelegt und alle verließen das Zelt. Es ist möglich, dass der Knopf versehentlich ausgelöst worden war und dabei das letzte Foto geschossen hat. Der Gelbfilter war zerbrochen – offensichtlich hatte die Kamera einen sehr harten Schlag abbekommen, als die Wanderer das Zelt verließen oder die Retter den Schnee vom Zelt räumten.

Aber es ist auch durchaus möglich, dass das 33. Bild von demjenigen gemacht wurde, der den Film entwickelt hat. Er drückte den Auslöser. In der Gebrauchsanleitung der ZORKI-Kamera steht über das Entfernen des Films aus der Kamera: „1. Betätigen Sie den Auslöser“ (Нажмите на спусковую кнопку.)

Also musste man als Erstes den Auslöser drücken, um den Film aus der Kamera zu nehmen. Und das berühmte 33. Bild zeigt eine achteckiges Lichtflackern in der Mitte des Bildes und den dunklen Raum mit einer einzigen Lichtquelle. Die Öffnung (Blende) der ZORKI ist achteckig. Es ist eine verstellbare Öffnung an einem optischen Instrument, wie einer Kamera oder einem Teleskop, das die Lichtmenge, die durch die Linse einfällt, begrenzt.

Fotokameras verwenden mechanische Membrane (Blenden), um zu kontrollieren, wie viel Licht in die Kamera einfällt und auf den Film trifft. Diese Blende funktioniert wie die Iris in den Augen. Sie zieht sich zusammen und öffnet sich, je nachdem wie viel Licht gebraucht wird. Blenden beschreiben die Größe der Öffnung, die das Licht in die Kamera lässt.

Der Lichtreflex ist das Licht, das im Linsensystem der Kameras gebrochen wird durch allgemein unerwünschte Bildformatierungsmechanismen, wie eine interne Reflexion und der Brechung durch Materialinhomogenitäten in den Linsen.

Die spezifische räumliche Verteilung des Lichtreflexes hängt von der Form der Blende der Bildauflösungselemente ab. Wenn die Linse zum Beispiel eine 8er-Blende hat, kann der Lichtreflex ein achteckiges Muster haben.

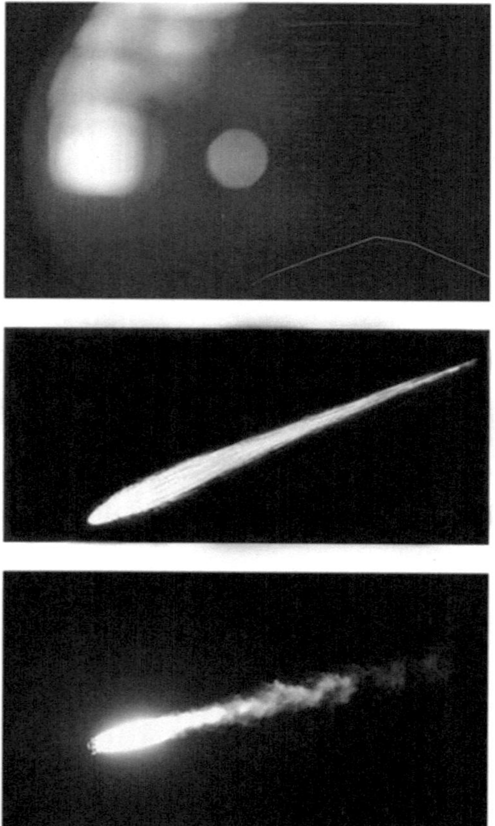

Von oben: Das 33. Einzelbild, ein Meteor und eine Rakete

Quellen:

33. Bild ist Teil der Ermittlungsakte und daher gemeinfrei,
Meteor: NASA (gemeinfrei),

Rakete: Getty Collection, J. Paul Getty Trust (gemeinfrei)
Keiner der neun Wanderer überlebte die Nacht.

Der Djatlow-Pass Vorfall war nicht selten.

Ungefähr 24.000 Menschen werden jedes Jahr weltweit durch Blitze getötet und ungefähr 240.000 werden verletzt.

Traurigerweise wurden die neun jungen Menschen Teil dieser unglückseligen Statistik und Teil einer Legende, an die man sich noch lange erinnern wird.

Die letzten zwei Stunden

Ein hochemotionales Bild. Ihr naht euch wieder, schwankende Gestalten. Die Legende beginnt. Gefährliche statische Elektrizität auf dem Zelt. Aufregung. Adrenalin. Kollektive Emotionen. Gemeinsam treffen sie eine Entscheidung: Das Zelt aufschneiden und hügelabwärts in Sicherheit bringen. Dort liegt die Rettung. Aufregung, Lebhaftigkeit. Ein wenig Furcht. Aber die Gefahr ist vorüber. Hoffnung! Sie machen ein Feuer, weil sie nur halb bekleidet sind und keine Schuhe tragen und es ein dunkler und sehr kalter Winterabend ist. Das Feuer wärmt, neue Hoffnung, Licht! Kawumm! Ein brennender Blitz schlägt ein und wirft sie hart gegen die Bäume und auf den Boden. Einige liegen im Schnee. Schreie!!! Nur den Bruchteil einer Sekunde zuvor waren sie alle hübsch um das Feuer versammelt gewesen, jung, lebendig. Jetzt sind einige Freunde tot. Jeder ist auf sich gestellt. Zwei von ihnen sind geblendet. Eine blinde Kreatur murmelt ohne Zunge. Tierische Angst. Einige krümmen sich und schreien im Todeskampf. Innerhalb von zehn Minuten sind vier von ihnen tot. Es gibt keine Gemeinschaft mehr. Jeder ist auf sich allein gestellt. Die Überlebenden fürchten sich zutode. Die Leichen werden vom Feuer weggetragen. Jeder ist für sich allein, Verzweiflung, Horror. Zwei weitere sind tot. Die letzten drei haben keine Kraft mehr, die Leichen 75 Meter weit zu den anderen Toten zu tragen. Sie lassen sie am Feuer zurück und bedecken sie mit einer Decke und kriechen zum Zelt, weit weg von dem Terror des Todes ihrer Freunde, in Richtung Erlösung … die nie kommen wird. Der Weg nach Golgotha Kalvaria, der nur zum Tod führt. Das ist das Ende von allem. Die schwankenden Gestalten sind auf dem Weg zu einer neuen Aufregung.

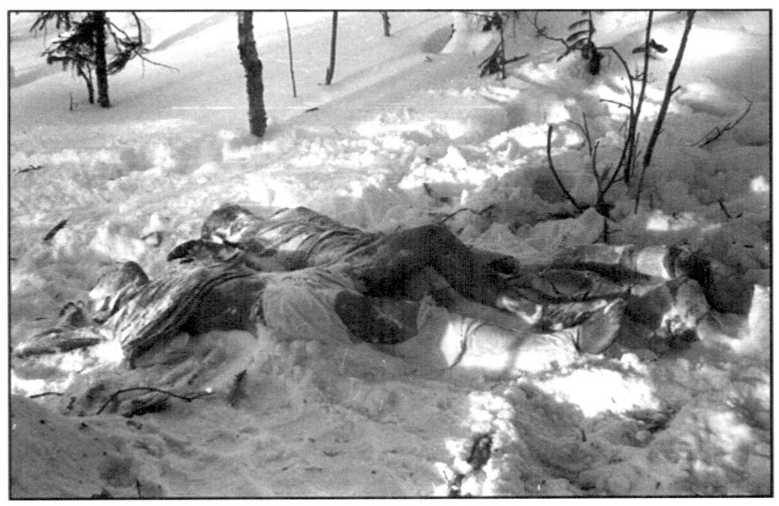

EPILOG

Ich glaube nicht, dass diese Theorie einer völlig natürlichen Ursache für den Vorfall am Djatlow-Pass von den Befürwortern der Verschwörungstheorien akzeptiert werden wird, weil diese Theorien (oder eigentlich Märchen) profitabel sind und ihre Vertreter viel Geld verdienen, wenn sie den naiven Leuten erzählen, was sie gerne hören wollen.

Die Menschen sind anfällig für das Mysteriöse, das Verborgene, das Verbotene. Viele von ihnen wollen einen starken Meister, der sie füttert, beschützt, anführt, quält. Alle Meister sollten ihre Geheimnisse haben, inklusive den schmutzigen, um wirklich souverän zu sein. Die meisten Menschen brauchen Meister und Verschwörungstheorien.

Domino volente (So Gott will)

ALEXANDER POPOFF

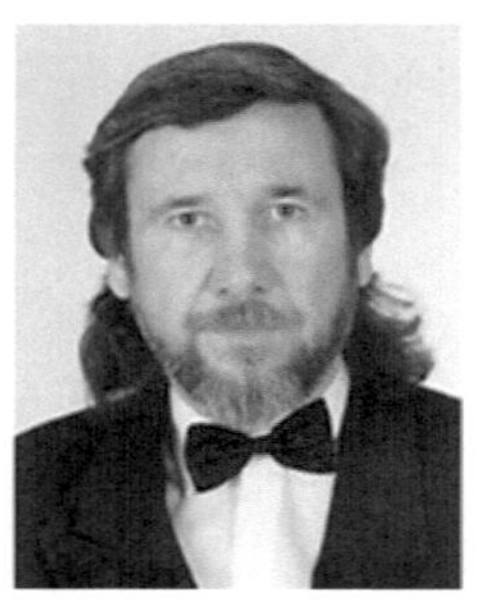

Alexander Popoff wurde 1954 in Bulgarien geboren.

Er ist Autor und unabhängiger Forscher. Früher arbeitete er als Geschäftsmann, Anlageberater und Geschäftsführer verschiedener Firmen, inklusive Harlequin, dem in Toronto ansässigen größten Romantikbuchverlag. Seine Werke wurden in Englisch, Bulgarisch, Deutsch, Japanisch, Spanisch, Italienisch und anderen Sprachen veröffentlicht.

Alexander Popoff ist der Autor der herausragenden Forschungsbücher „Das verborgene Alpha“ (in dem er erfolgreich das Fermiparadoxon enthüllt - Wenn es Aliens gibt, warum sind sie dann nicht auf der Erde?), „Dinosaurier Killer“ (in dem er eine neue Erklärung für das Aussterben der Dinosaurier liefert - Ein Asteroid soll die Dinosaurier getötet haben? Wollt ihr mich verarschen?) und der Science-Fiction Novelle „Provinz Fünf“. Alle Bücher sind mittlerweile auch in deutscher Sprache erschienen.

Literatur zu den Rätseln der Geschichte dieser Welt und weiteren faszinierenden Themen finden Sie im Verlagsprogramm des Ancient Mail Verlags:

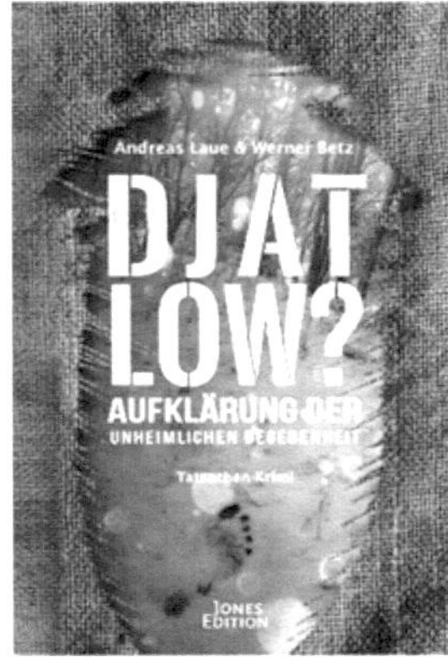

Andreas Laue und Werner Betz

DJATLOW?

Aufklärung der unheimlichen Begebenheit

Tatsachenkrimi

ISBN 978-3-95652-277-2, Taschenbuch,
362 Seiten, **€ 16,80**

Anfang 1959 brechen neun erfahrene junge Leute unter der Führung von Igor Djatlow zu einer mehrtägigen Ski-Wanderung durch den Ural auf, von der sie nie zurückehren sollen. Im Verlauf der Reise werden sie Opfer eines Ereignisses, das keiner von ihnen überleben soll und für das die Behörden bis heute keine schlüssige Erklärung finden. Der Fund der Leichen schockierte die Welt und machte das Gebiet später unter dem Namen Djatlow Pass bekannt.

Bis heute ist diese Tragödie aufgrund der vielen Ungereimtheiten Gegenstand zahlreicher Spekulationen geworden. Wurde die Gruppe verfolgt? Was hat es mit den rätselhaften Lichterscheinungen in dieser Gegend auf sich?

60 Jahre nach den mysteriösen Ereignissen wird der Fall von der Staatsanwaltschaft neu aufgerollt. Dank intensiver Recherchen gelang es den Autoren Andreas Laue und Werner Betz, in ihrem Buch „Djatlow – Aufklärung der unheimlichen Begebenheit" zu einer spektakulären Auflösung des Falles zu kommen. Eingebettet in die fiktionale Nacherzählung der Geschichte, die sich an realem Ermittlungsmaterial orientiert, stellt das Buch somit ein Tatsachenkrimi der besonderen Art dar, der reichlich Stoff für nervenzerfetzende Spannung bietet und den Leser die Reise und das Schicksal der Wanderer hautnah miterleben lässt.

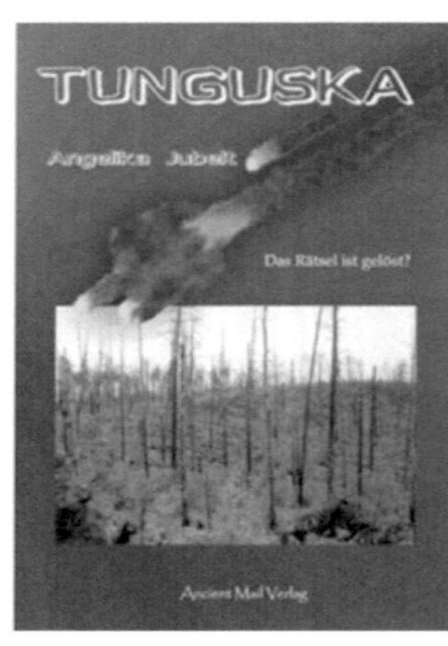

Angelika Jubelt

Tunguska

Das Rätsel ist gelöst?

ISBN 3-935910-83-5, 125 Seiten,
21 s/w-Fotos, 10 Farbfotos, Paperback,
€ 11,50

Als an dem klaren und schönen Junimorgen im Jahre 1908 die Katastrophe über ein riesiges Gebiet in Sibirien hereinbrach, wurde diese kaum beachtet. In dem fast unbesiedelten Gebiet haben nur wenige Menschen dieses Ereignis miterlebt. Dass diese Explosion einmal zu den Jahrhunderträtseln gehören wird, konnten die Leute damals nicht erahnen.

Erst Leonid A. Kulik haben wir es zu verdanken, dass es bis heute nicht vergessen wurde.

Im Gegenteil, je mehr und länger man sich mit diesem ungewöhnlichen Vorkommnis beschäftigt, umso umfangreicher und geheimnisvoller werden die Forschungsergebnisse.

Die Katastrophe beschäftigt mittlerweile Wissenschaftler und Hobbyforscher aus aller Welt.

Die Deutungen reichen von einem einfachen Steinmeteoriten bis zu einem Rettungsszenario durch Außerirdische.

Die unvoreingenommene Betrachtung aller Forschungsergebnisse und die Auswertung der verschiedenen Theorien lassen nur einen Schluss zu, die Katastrophe war eine Verkettung mehrerer Elemente und Ereignisse in Folge. Die Theorie Juri Lawbins, einem Hobbyforscher aus Kransojarsk, ist für mich die einzige, wahre Lösung des Rätsels. In diesem Buch sollen seine Forschungsergebnisse ausführlich dargelegt werden. Der darin enthaltenden Logik kann man sich nicht entziehen. Hat Juri Lawbin das Jahrhunderträtsel gelöst? Das Buch soll es aufzeigen.

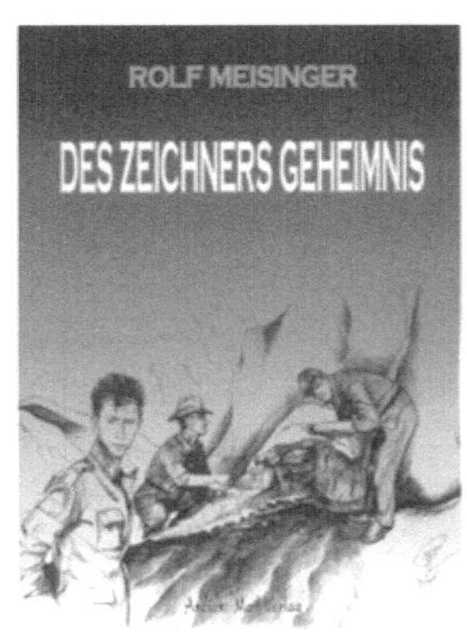

Rolf Meisinger

Des Zeichners Geheimnis

ISBN 978-3-935910-40-8, 289 Seiten, Din A5, Paperback, 11 s/w-Zeichnungen, **€ 17,80**

In dem vorliegenden Buch berichtet Rolf Meisinger über seine ersten Schritte als Soldat und über seine Einsätze in einer Spezialeinheit mit der Aufgabe, mysteriösen Ereignissen auf den Grund zu gehen.

Es sind fast unglaubliche, aber wahre Geschichten. So wurde die Einheit in die Wüstenregion Usturt (zwischen Usbekistan und Kasachstan) entsandt, um einen Zwischenfall mit Todesfolge in einer Gruppe von Geologen zu untersuchen. Diese Gegend gilt als eine der lebensfeindlichsten Regionen der Welt. Dabei stießen sie auf eine fremdartige Tierart, die bis dato völlig unbekannt war. Die Tiere waren den Eindringlingen logischerweise nicht besonders wohl gesonnen, daher war es ein hartes Stück Arbeit, um dort lebend heraus zu kommen.

Ein anderes Mal ging es in die tiefe Provinz des Altaigebirges. Dort war ein angesehener Partei-Funktionär mit einem Nervenzusammenbruch ins Krankenhaus eingeliefert worden. Am nächsten Tag landete dort mit derselben Diagnose auch seine Sekretärin. Der Grund dafür sollte angeblich in einer Lenin-Büste liegen. Diese Büste sollte dann zu weiteren Untersuchungen ins Labor gebracht werden. Auf dem Rückweg sorgte eine große Menge negativer Energie für eine ernsthaftere Betrachtung des Fundes.

In Samarkand sollten sie die Zusammenhänge zwischen der Öffnung der Grabstätte von Timur-Leng am 19.06.1941 und dem Angriff des faschistischen Deutschland auf die Sowjetunion am 21.06.1941 untersuchen. Es gab angeblich einen Fluch, der denjenigen, die das Grab von Tamerlan öffnen, Krieg, Zerstörung und viele Tote verheißen sollte. Nun fand man in Armenien die Grabstätte eines armenischen Königs, die mit einem ähnlichen Fluch belegt worden war. Doch bevor das Grab geöffnet werden sollte, wollten die Vorgesetzten im Kreml auf Nummer sicher gehen. Bei der Untersuchung fanden sie aber eine andere, nicht besonders mysteriöse Art von „Fluch", die immer noch weitere und weitere Menschenleben forderte.

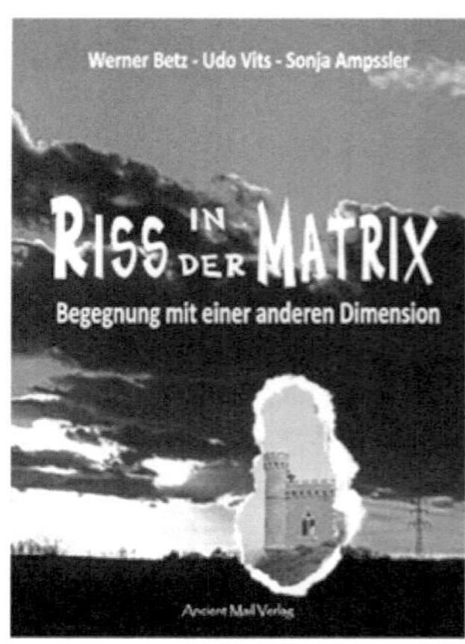

Werner Betz – Udo Vits – Sonja Ampssler

Riss in der Matrix

Begegnung mit einer anderen Dimension

ISBN 978-3-95652-272-7, Din A5, PB,
220 Seiten, 39 Farb-Abbildungen sowie die kompletten Scans der original Aufzeichnungen von Jean de Rignies, **€ 19,50**

Jean de Rignies, ein Mann mit einer ungewöhnlichen Lebensgeschichte, hat uns ein ganz besonderes Vermächtnis hinterlassen. Es besteht aus einem Heft mit handschriftlichen Aufzeichnungen, die ihm ein außerirdischer UFO-Kommandant namens Lilor, dem er auf seinen Wanderungen in den französischen Pyrenäen immer wieder begegnet ist, diktiert hat. Das Besondere an diesen Aufzeichnungen ist, dass es sich zu großen Teilen um mathematische und physikalische Formeln und Erläuterungen handelt, die Jean zu diesem Zeitpunkt gar nicht kennen konnte. Aus den Texten geht hervor, dass ihm Lilor Fehler in Einsteins Theorien und andere Denkfehler der „irdischen" Wissenschaftler erklärt hat. Gehen diese vielleicht sogar über unser heutiges Wissen hinaus und können wir aus ihnen etwas erfahren, was wir noch nicht wissen?

In diesem Buch ist der gesamte Text erstmals im Original mit deutscher Übersetzung veröffentlicht und kann somit überprüft werden. Sollte sich herausstellen, dass nur ein Teil des Inhalts zutrifft und wissenschaftlich bestätigt werden kann, so müssen wir uns fragen, woher die Informationen kommen. Dann können wir nicht mehr ausschließen, dass sie uns tatsächlich von einer außerirdischen, intelligenten Spezies übermittelt wurden.

Hat uns Jean de Rignies mit seinen Aufzeichnungen den Beweis für deren Existenz hinterlassen?

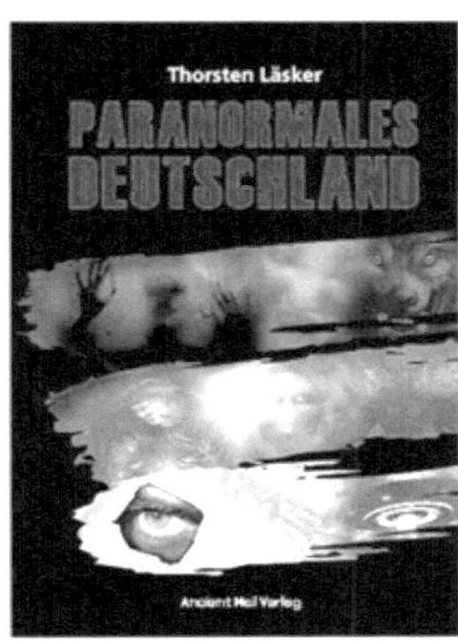

Thorsten Läsker

Paranormales Deutschland

ISBN 978-3-95652-299-4, Paperback,
Din A5, 236 Seiten, **€ 16,90**

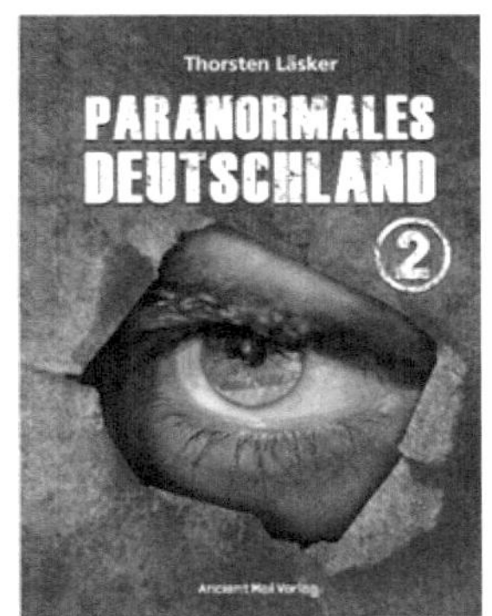

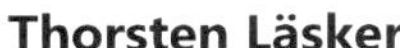

Thorsten Läsker

Paranormales Deutschland Band 2

ISBN 978-3-95652-331-1, Paperback,
Din A5, 232 Seiten, 14 s/w-Abb. **€ 18,90**

- Interessieren Sie sich für übernatürliche und unerklärliche Dinge?
- Glauben Sie auch, dass unsere Welt ganz anders ist, als es teilweise den Anschein macht?
- Haben Sie vielleicht selbst schon oft vermutet, dass da irgend-etwas im Verborgenen schlummert?
- Sind Sie bereit, diesen Geheimnissen nachzugehen und möglicherweise auf die Schliche zu kommen?

Dann treten Sie ein ins Paranormale Deutschland und werden Sie dabei Zeuge von fesselnden Erlebnisberichten, wovon einer spannender und mysteriöser ist als der andere. Machen Sie sich also gefasst auf eine faszinierende Reise durch die Welt der Grenzwissenschaften mit teils unvorstellbaren Geschehnissen, von denen Sie einige regelrecht verzaubern oder komplett sprachlos machen werden, während Ihnen andere wiederum die Haare zu Berge stehen lassen dürften. Begegnen Sie dabei u.a. Aliens, Geistern, Dämonen, UFOs, ORBs, Astralreisenden und sogar einem schwarzen Hund mit roten Augen. Erfahren Sie zudem etwas über Zeitreisen, Paralleluniversen, das Jenseits und allerlei verborgene Energien. Dabei werden Sie allerdings nicht nur die reinen Zeugenberichte aus erster Hand erhalten, sondern zu jedem Fall auch noch einige paranormale sowie rationale Erklärungsmöglichkeiten. Denn nur wenn Sie beide Seiten der Medaille kennen, werden Sie sich am Ende ein objektives Urteil bilden können, um so des Rätsels Lösung vielleicht ein Stückchen näher zu kommen.
